Rotraut Hinderks-Kutscher
Donnerblitzbub Wolfgang Amadeus

Rotraut Hinderks-Kutscher – Tochter des Münchner Theater-Wissenschaftlers Artur Kutscher – war Schülerin von Professor Emil Preetorius, der in München Bühnendekoration und Gebrauchsgraphik lehrte. Sie machte sich vor allem einen Namen mit ihren beiden Mozartbänden, von denen ›Donnerblitzbub Wolfgang Amadeus‹ in der Originalausgabe bereits das 138. Tausend übersteigt. Der zweite Band, mit dem Titel ›Wolfgang Amadeus Mozart‹, ist ebenfalls bei dtv junior (Band 7215) erschienen.
Weitere Werke schrieb sie über Joseph Haydn und Franz Schubert.

Rotraut Hinderks-Kutscher

Donnerblitzbub Wolfgang Amadeus

Mozarts Jugend

Deutscher
Taschenbuch
Verlag

Mit Illustrationen der Autorin

Von Rotraut Hinderks-Kutscher ist außerdem
bei dtv junior erschienen:
Wolfgang Amadeus Mozart, Band 7215

Ungekürzte Ausgabe
1. Auflage November 1971
8. Auflage Mai 1982: 81. bis 90. Tausend
Deutscher Taschenbuch Verlag GmbH & Co. KG,
München
© 1943/51 Franckh'sche Verlagshandlung, W. Keller & Co.,
Stuttgart
Umschlaggestaltung: Celestino Piatti
Gesetzt aus der Aldus 9/10·
Gesamtherstellung: Ebner Ulm
Printed in Germany · ISBN 3-423-07028-5

Inhalt

Nannerl und Wolferl 7
Bei der Kaiserin in Wien 16
Die große Reise 28
Endlich in Paris 38
Ein Schiff schaukelt nach England 44
Daheim in Salzburg 56
Zum rauchenden Vesuvius 66
Ernste Arbeit 76
›La Finta Giardiniera‹ und ein langer Brief 81
Das »Bäsle« 90
Heitere Tage in Mannheim 96
Graues Paris 104
Einsame Heimfahrt und Enttäuschung 113
Liebe zu München 117
Ein Fußtritt und die Befreiung 126
›Die Entführung‹ 130

Quellenangabe der Notenbeispiele: Seite 21 »Gehn wir im Prater« und Seite 36 »Bona nox« aus Fritz Jöde, »Der Kanon«, Karl Heinrich Möseler Verlag, Wolfenbüttel. Seite 65 die ersten 14 Takte aus dem Klavierauszug von »Bastien und Bastienne«, Verlag Philipp Reclam jun., Leipzig. Seite 95 aus E. P. Nr. 486 a die ersten 21 Takte der Klaviersonate Nr. 8 (K. V. 309), C. F. Peters, Leipzig. Seite 136 aus E. P. Nr. 745 den 1. Vers des Liedes »Im Mohrenland gefangen« aus dem Klavierauszug »Entführung aus dem Serail«, C. F. Peters, Leipzig. Die beiden Proben Mozartscher Notenhandschrift hat das Mozarteum in Salzburg zur Verfügung gestellt.

Nannerl und Wolferl

1–2–3–4, 1–2–3–4, Nannerl saß am Klavier und übte. 1–2–3–4, 1–2–3–4! Sie war eine eifrige Schülerin ihres Vaters, und man sah ihm an, daß er heute wieder recht zufrieden mit ihr war.

1–2–3–4, gut so! Noch einmal spielte sie ihr Stück von Anfang bis zu Ende fehlerfrei.

Klapp! Dann ging der Klavierdeckel zu. Aber da war jemand, dem's nicht recht war, daß man aufhörte zu musizieren. Zwei Stunden hatte er still und andächtig daneben gesessen, und jetzt bettelte er: »Weiter, weiter!«

»Mog i net! Spiel du selber weiter«, sagte die große Schwester, und schon war sie hinter dem Vater her zur Tür hinaus.

Da holte sich der kleine Wolferl den Sessel wieder her, schleppte ächzend ein paar dicke Bücher herbei – so – und noch ein Kissen drauf, und dann konnte es losgehen!

Jetzt wollte er auch spielen, wie Nannerl oder wie der Vater. Es mußte doch ganz leicht sein!

Wenn er so zuschaute, dann sprangen und glitten die Finger ganz von selber wie tanzend über die Tasten. Als er noch ganz klein war, hatte er manchmal mit der ganzen Hand aufs Klavier gepatscht und war dann erschrocken, wenn's ein scheußliches Getöse gegeben hatte. Dann hatte er schon oft versucht, mit dem Zeigefinger Töne erklingen zu lassen, und lang lauschte er hinter jedem einzelnen her.

Heute aber hatte er ganz genau zugesehen und zugehört! Er wollte auch die Fingerchen hüpfen lassen, daß es richtig zusammenklang. So beschäftigt war der kleine Bursche, daß er gar nicht merkte, wie leise die Tür aufging und die Mutter sich hereinschlich. Sie hatte Nannerl und den Vater weggehen sehen und wunderte sich, woher das Klimpern kam.

»Ja, Wolferl, was machst?«

Der schaute sich gar nicht um und probierte emsig weiter.

»Horch, aso geht's!« und richtig hatte der Bub nach dem Gehör ganz allein einen Dreiklang gefunden! Er lachte und freute sich: das war schöner als das schönste Spielzeug und lustiger, als wenn die Sonne schien. So bald brachte ihn die Mutter nicht wieder weg vom Klavier. Die Entdeckung war zu herrlich!

Dann kamen der Vater und das Nannerl vom Spazierengehen heim. Sie schüttelten den Schnee vom Mantel und wärmten sich erst einmal bei der Mutter in der Küche, denn es war ein kalter Wintertag, und die Straßen Salzburgs lagen tief verschneit.

»Schaut's amal zum Wolferl nei, aber leis!« sagte die Mutter und lachte verschmitzt. Sie wußte, wie sehr sich der Vater freut, wenn sein kleiner Sohn musikalisch ist und wahrhaftig mit seinen drei Jahren schon ganz von selber anfängt Klavier zu spielen. Das ist schon etwas Besonderes, daß so ein Knirps von selbst die Terz entdeckt.

»Fein, Wolferl, – da willst wohl bald vierhändig spiel'n mit mir?« sagte die Schwester und fragte den Vater:

»Meinen S', er kann's scho bald echt lernen? Er is doch erst drei Jahr, und i bin scho bald acht?«

»Das wird schon noch Zeit haben«, meinte der Vater, »aber schön ist's, daß er musikalische Ohrwascheln hat! So – und jetzt hör'n S' auf, Herr Musikus – das Nachtmahl steht schon auf dem Tisch!«

Ungern trennte sich der Kleine von dem Instrument. Seine Fingerchen gingen auch beim Essen neben dem Teller immer noch, als ob sie spielten, und man hätte ihm eigentlich draufklopfen müssen, weil er noch das ganze Abendessen vergaß.

»Iß, Wolferl! Von der Musik allein kannst net groß werden – so groß wie der Vater und der Onkel Schachtner!« sagte die Mutter und legte ihm die besten Bissen hin.

»Wenn i groß bin, krieg i auch a Geigen! Gell, Mama?«

»Freilich, freilich! Aber erst mußt fest essen!« Abends, wenn der kleine Wolfgang im Bett lag, dann sang er immer noch ein bisserl leise vor sich hin, bis ihm die Augen zufielen, und manchmal hörte man ihn sogar im Traum noch eine kleine Melodie summen.

»Er kennt nix wie Musik den ganzen Tag«, meinte die Mutter, »und er will's halt dem Nannerl gleichtun.«

Der Vater lächelte: »Warten wir's ab. Ich mein' immer, es steckt was B'sonders in dem Buben. Jetzt ist's ja noch zu früh, daß man da was sag'n könnt.«

Und die Mutter erzählte: »Weißt, gestern hat er draußd in der Küch' bei mir eine Gaudi g'habt, da hat der Malefitz vom Abwasch sämtliche Glaseln raus und mit der Gabel dran hinklopft und dem Ton nachg'horcht und so lang rumsortiert, bis er die schönsten Tön' bei'nander g'habt hat.«

»Siehst – er hat halt das richtige G'hör!«

Ja, das absolut richtige Gehör, das hatte der kleine Wolfgang, und ein Gedächtnis für sein Alter, daß der Vater immer wieder erstaunt war. Es gab keinen Tag, an dem der Bub nicht am Klavier saß und zuhörte, oder selbst zu spielen versuchte. Eine eiserne Geduld hatte er dabei. Die Spielsachen blieben derweil in der Ecke liegen. Das Schaukelpferd streckte alle viere in die Luft und wußte gar nicht, warum es nimmer an seinen Wagen gespannt wurde, und der dicke rote Ball hatte schon fast das Rollen und Hupfen vergessen.

Aber etwas konnte der Kleine absolut nicht leiden, das waren Trompeten! Ja, er wurde ordentlich blaß, wenn er diese barbarischen Töne hören mußte.

Einmal wollte man sich einen Witz machen, ihn ein bißchen ärgern, und zwang ihn, beim Trompetenspiel zuzuhören, aber das hätte schlimm ausgehen können, denn das Kind zitterte am ganzen Körper und hätte beinahe Krämpfe bekommen vor Schreck.

So ließ man ihn zukünftig damit in Ruhe.

Wolfgang hatte es alleweil kreuznotwendig mit seiner Musik, und wenn er nicht beim Klavier hockte, dann stand er draußen in der Küche, wo die Mutter beim Kochen und Backen und Aufräumen die lustigsten Lieder mit ihm sang.

Ja, die Mutter wußte immer was Neues und hatte bei ihrer vielen Arbeit allzeit Lust zum Lachen und Dummheitenmachen, wie es solch kleinem Buben gefiel. Sie sangen Salzburgerisch und Lateinisch, wie sie's aus den Kirchenliedern konnten, durcheinander und freuten sich wie die Pudel, wenn sie wieder was Närrisches entdeckt hatten.

Das »Spassettelnmachen« lieben alle im Salzburger Land, aber auch der Vater, der gar kein Salzburger, sondern ein Schwabe aus Augsburg war, hatte seine Freude daran. Er machte gern mit, wenn sein Wolferl jeden Abend vor dem Schlafengehn auf einen Stuhl kletterte, um ein kleines, dummes, selbstkomponiertes Liedel

zu singen, zu dem er dann die Zweite Stimme summte. Am Schluß gab's dann noch ein zärtliches Busserl aufs Nasenspitzerl. So war das tägliche Gutnachtzeremoniell, das einfach dazugehörte.

Er war überhaupt ein Zärtlicher, der kleine Sohn! »Hast mi auch lieb?« fragte er wohl zehnmal am Tag, und schnell kamen ihm die Tränen, wenn man zornig auf ihn war.

Die große Schwester und ihre Freundinnen, die zwickten ihn manchmal auf mit seiner Empfindlichkeit: »I mog di nimmer!«

»Geh! Wieder lieb sein, Nannerl!«

»Mog net!«

»Komm! I bind dir nie mehr's Haarmascherl auf!«

»Ja, alsdann!«

Und schnell war man wieder versöhnt. Es mußte ihn ja jeder liebhaben, den kleinen Buben. Bruder und Schwester verstanden sich großartig. Sie lachten, spielten, rauften und alberten miteinander, und ihr Liebstes, Schönstes und Bestes war die Musik. Halb im Scherz zeigte der Vater dem Wolferl einige Handgriffe am Klavier, weil er gar so bat, aber dem Buben war's ernst damit, und es dauerte nicht lange, so hatte er dem Nannerl ein paar leichte Stückchen abgelauscht, die er wahrhaftig aus dem Gedächtnis richtig und nett in festem Takt zu spielen wußte.

Der Vater hatte ein Notenbuch geschrieben, nach welchem er in Salzburg Klavier- und Violinunterricht gab. Er hatte allgemein Erfolg mit seiner Unterrichtsweise, und sein Notenbuch war weit über die Grenzen Salzburgs hinaus bekannt. Es waren 135 Stücke darin – von den leichtesten bis zu den schweren.

Eines Tages aber konnte er stolz neben ein kleines Menuett schreiben: »Dies vorhergehende Menuett hat der Wolfgangerl im 4. Jahr erlernt.«

Nachdem der Dreijährige schon ohne Anstrengung Klavier spielen konnte, ließ der Vierjährige dem Vater kaum mehr Ruhe. Er bewunderte und liebte den Vater so sehr, daß er sagte: »Nach dem lieben Gott kommt gleich der Papa!«

Nun wurde er im Januar fünf Jahre, und er wünschte sich nichts anderes zu Weihnachten, als endlich richtig ernsthaft und regelmäßig Stunden von seinem Vater zu bekommen.

»Liebster, bester Papa! I bitt Sie gar schön – i mein halt, i muß einfach sterben, wenn i 's net bald lern!«

So bekam er denn auch bald seinen ersehnten Klavierunterricht, und er übte so fleißig und ernst, daß man ihn oft geradezu wegjagen mußte. Wenn die Mutter meinte, daß sie ihren blassen Buben jetzt endlich draußen in der Sonne hatte, wo die anderen

Kinder rannten und spielten, dann konnte sie sicher sein, daß er irgendwo auf einer Treppenstufe saß und seine schnurrende Katze streichelte. Dabei ging irgendeine Melodie in seinem Kopf spazieren – die Füße wippten einen Takt dazu.

»Der wird ja noch a Stubenhocker!« schimpfte die Mutter dann aus Spaß.

Aber der Vater lachte, und das Nannerl sagte: »Gehn S' weiter, Mutter, das meinen S' bloß! Der Lauser kann grad so frech und wild sein, wie die andern – grad schlimm is er manchmal und tut reden wie a Gassenbub. Bloß wenn er halt was sinniert – dann ist ihm's Katzerl lieber als seine Freund'. Das hört ihm brav zu, was er ihm verzählt, und die Buben laufen ihm halt davon. Die wissen ja allesamt nix vom Musizieren.«

»Ja, alsdann is scho recht!« meinte die Mutter, und streichelte ihrem Musikanten liebevoll über den Kopf. An ihr sollt's nicht fehlen. Sie hatte ja selber soviel Freude an der Musik und wollte nichts, als daß alle um sie herum froh und glücklich sind, dann war sie's schon lange. Sie gab dem kleinen, zärtlichkeitsbedürftigen Herzen ihres Wolferls alle Liebe und Güte, die es brauchte, denn Strenge und ernste Erziehung, die hatte er beim Vater genug. Bei dem lernte er jetzt auch von Anfang an fleißig und unermüdlich arbeiten, was für sein Alter wohl zu schwer gewesen wäre, wenn es ihn nicht selbst dazu getrieben hätte.

Bald konnte er die Noten und auch schon Zahlen lesen. Er bemalte Tisch und Wände damit, bis es selbst der geduldigen Mutter zuviel wurde.

Aber eines Tages – da kam er wahrhaftig über die Tinte. Du mein Schreck – – –!

Fest stupfte er den Gänsekiel allemal bis auf den Grund des Fäßchens, und wenn es dann ein großes Gekleckse gab auf dem Papier, – dann wischte der Bub ohne Zögern mit der Hand darüber hin und malte seine Noten fleißig wieder obendrauf –, es war wie eine Schlacht, deren Spuren sich im Gesicht bis in die blonden Haarschippel ausdehnten.

So traf ihn der Papa: »Ums Himmels will'n, was machst denn, Bub?«

»A Konzert fürs Klavier, Papa!«

»Sowas hab ich mir denkt, aber was sind die Noten – des auf dem Papier oder des im G'sicht, Herr Kompositeur?«

»Gehn S', Papa!« maulte der Kleine und wollte schon weinen, aber da beschaute sich der Herr Vater das verschmierte Notenblattl einmal genauer, und es verging ihm bald das Spotten, denn

zwischen all den Klecksen und Wischern saßen die Noten da, richtig und regelmäßig, wo sie hingehörten, und ergaben etwas wie eine wirkliche Musik.

»Du Donnerblitzbub! Wo hast das her? Die Noten sind ja so schwer, daß sie fast kein Mensch spielen kann.«

»Grad deswegen ist's ja a Konzert, Papa! Man muß halt so lang üben, bis ma's kann. Komm i zeig's Ihnen, wie's gehen muß!«

Und da kletterte er auf den Klaviersitz und spielte, so wie er's eben konnte, den Sinn der Komposition heraus, und es war nicht schlecht ausgedacht – das erste Konzert.

Bald darauf verlangte er wieder ein großes Stück weißes Papier und schrieb mit fünf Jahren sein erstes Menuett nieder!

Der Vater spielte es ihm vor, weil Wolfgang selbst es noch nicht konnte. Es war eine hübsche kleine Melodie geworden, und Wolfgang glühte vor Eifer. Stolz über das Lob des Vaters, versuchte er nun öfter, etwas selbst zu schreiben – es war ja alles gleich ein

Lied: was der Kanarienvogel flötete, was das Katzerl schnurrte oder was der Regen an die Scheiben trommelte – alles hat Melodie – man muß sie bloß erwischen und niederschreiben, eh' sie wieder fort ist.

Manchmal wollte der Komponist etwas vorspielen, aber seine Kinderhände waren zu klein. Dann konnte er weinen und schimpfen:

»Warum hat man bloß net gleich richtig große Händ' zum Klavierspielen?«

Der Vater spielte ihm dann seine kleinen, ungebändigten Kompositionen richtig vor, verbesserte hie und da, lehrte es ihn bessermachen und schrieb all diese ersten, selbständigen Werkchen hübsch ordentlich in ein Notenbüchl zusammen. Aber außerdem hatte Wolferl jetzt auch eine eigene kleine Geige. Die war sein ganzer Stolz!

Einmal kam Onkel Schachtner, der Herr fürsterzbischöfliche Hoftrompeter, um bei einem kleinen Hauskonzert mitzumachen. Er war ein besonderer Freund der Kinder und hatte immer Zeit für ein bissel Spaß.

»Kommen S', schaun S', was i hob!« schrie der Wolferl schon von weitem und schwang sein winziges Instrumenterl. »Darf i mit rein?«

»Freilich!« sagte der Onkel Schachtner.

»Nein, nein, du störst uns!« rief der Vater aus dem Zimmer, wo er mit Wentzel schon auf Schachtner wartete und sein Instrument stimmte.

»Bitt schön, Herr Vater!« bettelte der Kleine, und die Tränen standen schon ganz dick in seinen Augen. »Bin g'wiß ganz still. Bloß zuhör'n!«

»No, lassen wir ihn halt!« meinte Schachtner, der keine Kindertränen sehen konnte, und so schlupfte das kleine Wolferl dann auch ganz leise mit hinein und hörte andächtig zu, aber lang war er nicht mit dem Zuhören zufrieden. Er wollte auch mittun. Da lachten sie ihn aus, denn er hatte ja noch keine einzige Geigenstunde gehabt, überhaupt noch nicht gelernt, die Violine richtig in die Hand zu nehmen. Weinend schlich sich der Kleine zur Tür hinaus. Aber Onkel Schachtner holte ihn mitleidig wieder herein.

»Wenn du so leis spielst, daß man dich net raushör'n kann, dann darfst in Gottes Namen mit Onkel Schachtner die zweite Violine spielen!« erlaubte der Vater.

Und mit todernstem Gesicht fing der ehrgeizige kleine Musiker an zu spielen. Ganz leise und bescheiden, und wie Schachtner hin-

horchte, war alles richtig. Er legte still seine Geige fort, und schau – der Wolfgang vertrat ihn völlig – spielte nun lauter, und das Konzert ging ohne Stocken weiter.

Kaum zu glauben war so etwas! Der Vater nahm den Buben samt seinem Geigerl auf den Schoß und lobte ihn sehr, aber der meinte lachend: »Um ein zweites Violin zu spielen, braucht man es ja wohl net erst g'lernt z'haben!«

Jetzt war es wirklich klar, daß der Bub ein Wunderkind war – das war mehr als eine musikalische Natur! Auch die Schwester spielte ausgezeichnet, aber der Bub war etwas Besonderes. Der Vater war so stolz auf diese beiden Kinder, so stolz, daß er meinte,

Dieses Menuett hat der kleine Wolfgang am 30. November 1763 in Paris komponiert

es sei zu schade, wenn nicht die ganze Welt es mit eigenen Ohren hören und mit eigenen Augen sehen könnte. Er nahm sich fest vor, die beiden so gründlich auszubilden, daß sie sich öffentlich hören lassen könnten.

»Salzburg ist nicht die Welt! Hier hat man nicht das nötige Verständnis für das ungewöhnliche Talent meiner Kinder – sie müssen hinaus in große Städte, an fürstliche Höfe und vor großem Kennerpublikum spielen. Sie sollen Musik hören, Opern sehen, bei großen Meistern lernen«, sagte er zur Mutter, der es nicht so recht gefallen konnte, daß man die Kleinen so früh ihrer mütterlich umsorgten Häuslichkeit entreißen wollte. »Ja, du mußt natürlich mitreisen, damit die Kinder nichts entbehren. Ohne Mutter können sie freilich noch nicht sein. Und ich mache den geschäftlichen Teil.«

So wurde, nachdem Wolfgang sechs Jahre alt geworden war, die erste Reise geplant, die an den Hof nach München gehen sollte. Auf der zweiten Fahrt wollten Mozarts Kaiserin Maria Theresia in Wien besuchen.

Bei der Kaiserin in Wien

Am *18. September 1762* rollte ein vollgepackter Reisewagen mit der ganzen Familie Mozart aus Salzburgs Toren hinaus. Ein leichtes Klavier war hinten aufgepackt, die Geigen sorgfältig in einem Trühel verwahrt, und man war so übermütig und guter Dinge, daß man zu viert die närrischsten Kanons sang und sich bei jedem dicken Stein, über den der Wagen holperte, schier kropfig lachen wollte.

Mozarts reisten in eigener Kutsche, denn der Vater sagte: »Das ist billiger und gemütlicher.«

»Aber die Pferdln? Die g'hörn uns doch net!« fragte der Wolfgang.

»Wirst schon sehn, bei der nächsten Poststation werden sie ausg'spannt. Dann kriegen wir neue Gäul' und einen neuen Kutscher. Da gibt's eine Jausen für alle, die hungrig sind, und alsdann geht's weiter.«

»Grad wie dortmals, wo wir nach München g'fahren sind?«

»Gradso, bloß daß der Wagen eine Postkutschen von Thurn und Taxis war.«

Da meinte das Nannerl plötzlich: »Du, Wolferl, wenn der Kutscher jetzt wieder z'ruck nach Salzburg fahrt – der hat uns doch a G'schicht versprochen! Papa, dürf ma net a bisserl vorsitzen zu ihm?«

Der Vater lachte und ließ halten, und so krabbelten die beiden Kinder vergnügt auf den engen Kutschbock, links und rechts neben den lustigen Alten, der so fein erzählen konnte. Der Wolferl durfte ein bisserl die Zügel halten, denn die Pferde, die wußten ihren Weg sowieso.

»Meine Zeit! Du hast eigentlich den schönsten Platz!« rief der Bub begeistert. »So hoch droben und das ganze Land vor dir. Kommst dir net vor wie a König?«

»Wann die Sonn' scheint schon, aber wann's regnet und schneit, dann weniger!« lachte der Kutscher.

»Warum läßt du die Gäul' net amal richtig sausen?« wollte das Wolferl dann wissen. Liebe Zeit, was der alles wissen wollte! Keine Sekunde hörte er auf zu fragen und zu reden, aber der Kutscher, der freute sich, daß er Unterhaltung hatte, und gab immer gutmütig Antwort.

»Wohl, wohl, das könnt euch passen! Aber da täten die Pferd' zu müd' werden auf der langen Strecken. Fahr'n wir eh so schnell!«

Da lachten die Kinder:

»Schnell? So schnell kann ma ja nebendran gehn.«

»Mhm – des könnt ihr Lauser scho, aber doch net den ganzen Tag! Oder? Und tätst hernach das Klavier und die Koffer und all's auf den Buckel lupfen bis auf Wien, Kloaner? Glaub's net recht! Da ist's wohl feiner, daß dein Papa den Wagen zahlen kann und daß ihr auf die Weis' heut noch ganz bis Passau kommt. Denk amal, in einem Tag sooo weit!«

»Und jetzt erzählst uns noch schnell vom Kaiser Karl im Untersberg, gell!« bettelten die Kinder, »und is des wahr, daß da drunten Zwergerl und schiache Geister hausen und auf den Schatz aufpassen?«

»Freili, freili! Im Untersberg geht's allweil no um! Aber wißt ihr die G'schicht von der übergossenen Alm?«

»Von der Alm am Hochkönig? Nein, erzähl g'schwind!«

Und der Kutscher wußte viel Wunderliches von den gottlosen Sennerinnen, die »auf das Beten vergessen« hatten und nur tanzen wollten, die sich mit Milch die Hände wuschen und den Weg mit Käse pflasterten – die ihren Kühen silberne Glocken umhängten und den Stieren die Hörner vergoldeten, und wie eines Tages der Herrgott selber als Bettelmann zu ihnen kam und wie sie ihn verhöhnten.

Ganz grus'lich ist's den Kindern geworden, wie der Kutscher nun weiter erzählte, daß eine große Strafe gekommen ist – ein Unwetter mit Donner und Blitz und einer Lawine, die die ganze Alm samt den schlimmen Sennerinnen unter sich begraben hat, und wie heut noch ein öder Gletscher von Eis und Schnee da droben sei, wo vorher die reiche Alm mit ihren saftig grünen Weiden gewesen ist und die Kühe mit ihren silbernen Glocken gebimmelt hatten.

»Silberne Glocken?« sinnierte das Wolferl. »Die müssen aber an feinen Ton g'habt haben!«

Die Zeit war mit lauter Erzählen schnell vergangen. Die Landschaft war jetzt weit und flach, so daß die Pferde gleichmäßig vorwärtsstrebten. Es gefiel den Kindern zu gut auf dem hohen Sitz. Manchmal konnten sie richtig in die grünen Baumkronen hineinlangen, und der Kutscher mußte aufpassen, daß ihm nicht ein Ast noch seinen feschen Dreispitz vom Kopf haute.

Die Obstbäume trugen schwer an ihren roten Äpfeln, und die Bauern brachten schwitzend das Grummet herein. Sie winkten und schauten lang hinter dem Wagen drein. So viele waren's ja nicht, die hier vorbeifuhren. Auf dem Wasser war mehr Betrieb! Da schwammen schon seit langen, langen Zeiten die Schiffe mit dem Salz des Berchtesgadener Landes die Salzach hinunter und kamen langsam, gegen den Strom, mit Korn beladen zurück. So gab jeder von seinem Überfluß und tauschte ihn gegen das ein, was er selbst nicht hatte.

Hier waren weite, fruchtbare Felder und breite, behäbige Bauernhöfe.

Abends, als schon die Sterne funkelten, kamen Mozarts in Passau an. Hier, wo der Inn in die Donau mündet, ist vor vielen Hunderten von Jahren die alte Bischofsstadt erbaut worden, und den Kindern kam's fast vor, als wären sie noch in Salzburg.

»Hier ist's wie daheim!« rief Nannerl gleich. »Gell, die Burg oben und unt' die engen Gasserln am Wasser und die vielen schönen Kirchen.«

»Es wär gut, wenn ihr vor dem Bischof spielen könntet«, meinte der Vater, denn er war sehr ehrgeizig und wollte sich keine Gelegenheit entgehen lassen.

Der Bischof aber, der ließ ihn zappeln! Er hatte ja Zeit genug. Doch Mozarts, die hatten es eilig, nach Wien zu kommen, und warteten ungeduldig, bis endlich nach einigen Tagen der Kirchenfürst einen Boten schickte, daß er den kleinen Wolfgang Mozart zu hören wünsche.

»No, und mich net?« hat's Nannerl beleidigt gefragt. Sie war schon ein bissel gekränkt, und die Kinder waren es auch gewöhnt, zusammen zu spielen. Aber der Wolferl machte auch allein seine Sache gut und bekam zur Belohnung einen Dukaten von dem hohen Herrn.

»Da! Papa – den schenk ich Ihnen!« sagte der Kleine strahlend. »Sie sind doch der allerbeste Papa, den es gibt, und wenn Sie amal alt sind, Papa, dann steck ich Sie in eine Kapsel mit Glas davor!«

»Aber Wolferl! Warum denn das ums Himmels will'n?«

»Ja, dann kommt kei' kalte Luft an Sie hin, und i könnt' Sie alleweil bei mir b'halten!«

»Soso, das könnt' dir so passen – du Schlawiner. Aber vorerst lauf' ich dir sowieso noch net davon, weil ich auch nach Wien möcht', und bald tun wir ja alle miteinander Schiff fahren auf der Donau.«

Da schrien und hupften die Kinder vor Gaudi und erfanden gleich mit der Mutter zusammen ein Donauschifferlied:

»Der Wolfgang und das Nannerl,
die reiten auf ei'm Pfannerl,
die fahren mit der Kutsch,
jetzt ist die Kutschen futsch!

Mit was fahr'n sie jetzt weiter?
Da kommt ein großer Reiter!
Es sprach der weise Mann:
Da nehmt ihr einen Kahn,
und wollt ihr gar nach Wien,
so kommt ihr sicher hin.
Tut erst einmal ein Pfifferl,
da schwimmt herbei ein Schifferl,
das fahrt noch viel geschwinder
als wie die Kutsch, ihr Kinder!«

Das gab erst noch eine Gaudi, als die große Kutsche dann mit aufs Schiff geladen wurde! Eine herrliche, lange Reise auf der breiten Donau stand bevor. – Alles war aufregend und neu. Mit Stricken und Ketten befestigte man den schweren Wagen, damit er nicht noch davonrollte, und das halbe Schiff war voll davon.

Die Kinder konnten hinaus- und hereinklettern – das Gepäck blieb drin –, so durften sie auf dem Wasser Kutsche fahren – das war gewiß etwas Besonderes.

Und dann kam die österreichische Grenze und der Zoll! Die Mutter seufzte: »Das wird wieder was!«, denn die Maut war teuer und umständlich dazu, sie wollten ja so schnell wie möglich weiter.

Die Koffer waren so ordentlich und fest gepackt, und wenn da erst einmal ein Mautner darin herumgewühlt hatte, dann ging nur noch die Hälfte hinein – das war immer dasselbe.

Wie nun aber der Zöllner kam und das kleine Reiseklavier ohne Beine sah, da wollte er vor Neugier und Staunen schier zerplatzen, und das Wolferl sprang schnell herzu:

»Woll'n S' vielleicht a klein's Konzert hör'n?«

Da lachte der Mann gutmütig: »O mei! Du Kloaner wirst decht no kei Musikant sein?«

»Warum net?« Und schon holte der Bub sein Geigerl aus dem Kasten und spielte dem Mautner so lange vor, bis dem vor Bewunderung die Luft wegblieb und er darüber den ganzen Zoll vergaß.

So waren sie schnell abgefertigt und von der Hauptmaut befreit.

Lustig ging die Fahrt weiter, obwohl es regnerisch und kalt wurde und der Wolferl bereits vor Schnupfen eine dicke rote Nase hatte. Das störte ihn aber weiter gar nicht. Er erfand das Rote-Nasen-Lied und tobte mit der Schwester vergnügt umeinander.

Nach einer mehr als dreiwöchigen Reise kamen Mozarts in der Kaiserstadt an.

Der Vater machte gleich viele wichtige Besuche. Ja, er war geschäftstüchtig und redegewandt und kannte die Wege kreuz und quer, auf denen man's zu etwas bringt.

Der Ruf von seinen Wunderkindern aber war ihnen schon vorausgeeilt durch die kleinen Konzerte, die sie unterwegs gegeben hatten, und so kam es, daß der kaiserliche Lakai mit seiner Einladung an den Hof der Kaiserin Maria Theresia schon vor der Tür stand, bevor Mozarts sich überhaupt darum beworben hatten.

Nannerl und Wolfgang reckten sich neugierig auf die Zehenspitzen und wollten auch in den wichtigen Brief hineinschauen, den die Eltern so aufmerksam lasen.

Da hob der Vater den kleinen Wolfgang hoch in die Luft – fast bis an die Zimmerdecke – und rief:

»Wirklich, Kinder, wir sollen alle zur Kaiserin kommen. Sie will euch spielen hören!«

Du liebe Zeit! Das Nannerl schaute an sich herunter: »In welchem G'wand? Mutter, ob wir fein g'nug sind?«

Gleich mußten die Kinder mal zur Probe ihre Kleider anziehen. Das war eine richtige Arbeit! Nannerl hatte ja doch einen richtigen Reifrock – keinen runden –, nein, der war ja nicht mehr modern! Einen ganz neumodischen hatte sie – vorne und hinten flach und an den Hüften breit abstehend, vier Unterröcke hatte sie an, und das »Appetitsröckl« war aus bunter Seide. Das ganze Kleid war mit farbigen Bandrüschen und duftigen Blumen verziert, der tiefe Ausschnitt und die halben Ärmel mit Spitzen benäht. Auf den gelockten Haaren trug sie ein Kränzel mit zartem Schleier, und als sie fertig war, sah sie wie eine erwachsene Hofdame aus. Zwar taten ihr die Füße ein bisserl weh, denn die waren ja ein gutes Stückel länger, als die zierlich spitzen Schuh, aber das mußte halt so sein. Wer die winzigsten Schuhe hatte, der war am feschesten, und fesch sein – das hat eben auch seine Nachteile.

Der Bruder war nicht minder schön! Die weißgepuderten Haare fest zurückgekämmt, an den Seiten hübsch gerollte Locken und hinten den Zopf lose mit einem schwarzen Mascherl gebunden. Die Rockschöße standen steif ab – Taschen, Ärmel und Weste waren reich bestickt –, seine strammen Bubenbeine steckten in weißen Strümpfen und schwarzen Schnallenschuhen, und sogar einen kleinen Degen trug er an der Seite, wie ein richtiger Edelmann.

Stolz schaute die Mutter ihre Kinder an! Ja – so konnten sie sich getrost bei Hof sehen lassen – niemand würde ihnen die bürgerliche Abstammung ansehen.

Vor Maria Theresia mochte Wolfgang auch gern spielen. Es machte ihm keine Freude, wenn er sich vor Menschen hören lassen sollte, die nichts von Musik verstanden. Ach, manchmal da bockte er geradezu und weigerte sich, zu spielen, und der Vater mußte ihm vorschwindeln, dieser oder jener in der Gesellschaft sei ein besonderer Musikkenner – sonst wär' ihm der kleine Mann einfach davongelaufen.

Er nahm sein Spiel so ernst, daß er es nicht leiden konnte, wenn er dachte, die Leute klatschten bloß, weil er ein netter kleiner Bub war, der Kunststücke auf dem Klavier machte.

An Maria Theresias Hof musizierte fast ein jeder. Sie selbst war hochmusikalisch, hatte eine gute Singstimme, und ihre Kinder konnten wacker mittun. Den Komponisten Wagenseil hatte sie als Musiklehrer für ihre große Familie geholt, und die kleinen Privatkonzerte ihrer Kinder waren der Kaiserin größte Freude und Entspannung nach den anstrengenden Regierungsgeschäften. Sie war ja nicht nur die tatkräftige und kluge Regentin ihres Landes, sondern obendrein noch die herzensgute und verständnisvolle Mutter von sechzehn Kindern. Nicht nur in ihrem großen Staat Österreich-Ungarn kümmerte sie sich um alles und jedes, sondern auch für ihren kleinen Familienstaat hatte sie stets noch Zeit und Liebe genug übrig.

»Mama, wenn jetzt so a Prinz amal recht schlimm is – kriegt er dann auch Watschen?« fragte der Wolfgang.

»Ganz g'wiß!« versicherte die Mutter.

»Von wem nacha?« wollte der Bub wissen, »von der Kaiserin selber?«

»No, wenn er grad schön dasteht – macht sie's sicher gleich selber aus – schenier'n wird sie sich net –, aber sonst sagt sie halt seinem Hauslehrer und Erzieher: ›Bitte, verabfolgen Sie dem Prinzen heute noch eine Tracht Prügel für seine Ungezogenheit!‹

Da soll einmal großes Entsetzen darüber gewesen sein, und man hat ihr vorgehalten, daß es nicht üblich sei, einem Erzherzog vom Hause Habsburg die Rute zu geben. Da hat die Kaiserin bloß gelächelt und gemeint: ›Mhm – ja – die sind auch alle danach geraten – *mein* Erzherzog, der wird erzogen!‹«

Da staunten die Mozartkinder, und sie waren doppelt gespannt auf ihren Besuch.

Wie im Märchen kam es den Kindern vor, als am 13. Oktober 1762 wahrhaftig die goldene Kutsche vor dem kleinen Gasthof hielt und sie dann in stolzem Trab nach Schönbrunn entführte. Die Kaiserin hatte sich das schon gedacht, daß sie den Kindern damit eine Riesenfreude machte, darum schickte sie ihre eigene, prächtige Staatskarosse, die ganz und gar mit rotem Samt ausgeschlagen war, und mit ohrenbetäubendem Getöse durch die Straßen Wiens fuhr. Die schneidigen Gäule hatten nickende Federbuschen auf dem Kopf, und der tressengeschmückte Kutscher machte ein feierliches Gesicht.

»Zwick mi amal, Nannerl – i mein alleweil, mir träumt's bloß!« sagte der Wolfgang zu seiner Schwester, und auch dem Vater, der die Geige auf dem Schoß hielt, kam es ganz unfaßbar vor, daß sie wirklich mit der kaiserlichen Kutsche ins neue Schloß fuhren. Er war ganz benommen vor Ehrfurcht, aber die Kinder fanden sich schnell und unbefangen in die Rolle von Märchenprinz und Märchenprinzessin.

Als der Wagen vor Schönbrunn hielt, sprang der Lakai, der hinten auf dem Bock gestanden hatte, herunter, um rasch die Türen aufzureißen, und Wolfgang hupfte als erster heraus. Die Wache stand stramm, als der kleine Mann vorbeiging, und der wußte ja jetzt auch schon von München her, daß man ihr nicht etwa die Hand gab, sondern so tat, als ob sie gar nicht da wäre.

Breite Treppen, blitzblankes Parkett, ungezählte Spiegel an den Wänden – seidene Tapeten – gläserne Kronleuchter, die bei jedem Windhauch leise klirrten, Teppiche, auf denen man lief wie auf Moos – die Mozartkinder flüsterten nur noch miteinander. Auf einmal hörten sie einen abscheulichen Schrei – er kam von dem scharlachroten Vogel, der am Fenster auf einer Stange hockte.

»Ein Papagei! Ist er net schön?«

Aber Wolferl hielt sich die Ohren zu: »Wenn a Viech so eine grausliche Stimm' hat, dann ist's auch net schön!«

Durch eine endlose Reihe von Gemächern führte sie der Diener, bis er schließlich die letzte Tür aufmachte, zurücktrat und mit schwungvoller Verbeugung verschwand.

Hier saß die Kaiserin in einem Lehnsessel, und sie lächelte beim Eintreten der Kinder so gütig, daß sie alle Scheu vergaßen. Nannerl machte einen tiefen, zierlichen Hofknicks, Wolfgang küßte ihr die Hand wie ein Kavalier, aber als sie den kleinen Kerl mütterlich umarmte, kletterte er ohne weitere Umstände der Kaiserin auf den Schoß und gab ihr einen Kuß mitten auf den Mund, bevor es der erschrockene Vater verhindern konnte. Schließlich war es doch die Kaiserin, vor der selbst ihr schlimmster Feind – Friedrich der Große – respektvoll den Hut zog! Aber sie lachte freundlich und meinte:

»Laßt ihn nur – er meint's ja ehrlich!«

Dann ließ sie ihre jüngsten Kinder hereinholen und ihren Gemahl, den Kaiser Franz, dazu und viele ihrer Hofdamen, und alle hörten entzückt dem Spiel der Mozartkinder zu. Sie spielten vierhändig und taten ihr Bestes, aber plötzlich sprang Wolfgang auf und bat die Kaiserin:

»Wagenseil soll kommen, der versteht's!«

Man erfüllte ihm seinen Wunsch sofort, und der Hofmusiker hörte gern dem Spiel des kleinen Meisters zu.

»Möchten S', bitt schön, die Noten umblatteln?« bat ihn Wolfgang dann ohne Scheu, und Wagenseil gehorchte ihm lachend.

Das meisterhafte Spiel und die freie Art der Kinder gefiel Maria

Theresia, die mehr auf ein ehrliches Herz als auf die spanische Etikette und den höfischen Firlefanz gab.

Sie ließ ein paar Tage darauf kostbare Kleider für die Geschwister Mozart schicken. Der lilafarbene Rock des Erzherzogs Maximilian paßte dem kleinen Musiker wie angegossen, und Nannerl sah bezaubernd aus in dem weißen Taftkleid einer Herzogin.

Jeden Tag gab es neue Einladungen in musikliebende Adelsfamilien. Es war zu jener Zeit ein edler Wettstreit, wer die beste Hauskapelle hätte. Man stellte oft Kammerdiener, Förster, Schreiber, Köche und Lakaien bloß dann an, wenn sie irgendein Instrument zu spielen verstanden oder gut singen konnten. So wurde Musik zur vornehmsten und zugleich billigsten Unterhaltung. Das Kaiserhaus ging mit dem besten Beispiel voran. Seit 1741 gab es ein Hoftheater für italienische, französische und deutsche Schauspiele. Es war die Blütezeit des Barock, und mitten in diesem schönen, bunten Leben standen die beiden Bürgerkinder aus dem kleinen Salzburg und machten plötzlich die ganze Stadt von sich reden.

Auch bei Hof mußten Nannerl und Wolfgang noch öfter ihre Kunst hören lassen, und sie hatten sich richtig mit den Erzherzögen und Erzherzoginnen, die in ihrem Alter waren, angefreundet. Auf den Rasenflächen hinter dem Schloß spielten sie Federball und Reifenschleudern. In den prunkvollen Räumen des Schlosses gab's ein Laufen und Haschen und Kichern, daß die steinernen Putten und Engel am liebsten mitgetan hätten. Einmal aber rutschte der Wolferl auf dem glatten Parkett aus und kam – rumsch – auf sein Hinterteil zu sitzen, daß ihm fast die Tränen in die Augen sprangen! Da half ihm die kleine Erzherzogin Maria Antoinette wieder auf und zupfte ihm den Rock wieder zurecht, und es freute ihn, daß er nicht ausgelacht wurde.

»Du bist lieb«, sagte Wolfgang treuherzig, »eines Tages werd' ich dich heiraten!«

Während der Vater Mozart dem Klavierspiel der Infantin zuhörte, spielte Wolfgang dem Kaiser noch einmal allein vor.

»Kann Er eigentlich auch spielen, wenn Er keine Tasten sieht?« wollte der Kaiser wissen.

»Warum net?« lachte der Kleine und spielte mit zugedeckten Tasten gerade so wie zuvor.

»Du bist a kleiner Hexenmeister!« lobte der Kaiser, und alle klatschten Beifall, aber Wolferl stand auf und spielte mit den Kindern weiter, als ob nichts gewesen sei.

Dann aber kamen traurige, schwere Tage für Mozarts! Fast

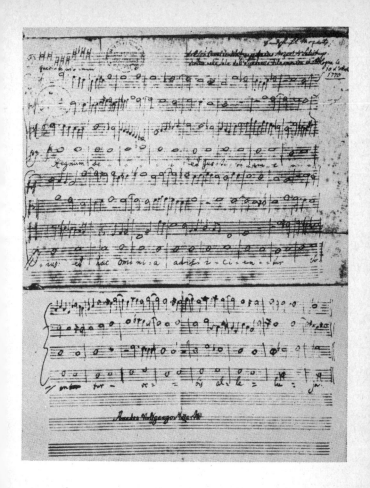

Wolfgangs Prüfungsarbeit für die Aufnahme in die berühmte Accademia Filarmonica zu Bologna, 10. Oktober 1770

schien es, als wären die letzten vierzehn Tage zu sorglos und vergnügt gewesen. Wolferl klagte über Halsweh und Zahnweh – Wolferl hatte Fieber und konnte nicht aufstehn. Die Mutter war recht besorgt und ängstlich, der Vater traurig, daß er nun so viele schöne Einladungen für die nächste Zeit absagen mußte.

Gräfin Zinzendorf schickte ihren Arzt, aber es half nichts. Das Kind wurde immer kränker. Am ganzen Körper und im Gesicht zeigten sich rote Flecken, und er glühte im höchsten Fieber.

Das Singen und Musizieren hatte aufgehört. Mutter saß nächtelang auf, kühlte dem Buben die Stirn und streichelte seine unruhigen Hände.

»Trinken, Mutter – Durscht!« wimmerte Wolfgang immerzu und wollte im Fieber aufstehen zum Musizieren. Mit Gewalt mußte man ihn im Bett halten. Er war ganz jämmerlich dran, der arme Kerl.

Wohl nahm ganz Wien mitleidigen Anteil an der Krankheit seines Lieblings, und vom Hof kamen Arzneien, Geschenke und teilnehmende Worte, aber man zog sich doch furchtsam zurück, und auch zu Wolfgangs Namenstag gab es bloß schriftliche Glückwünsche.

Die große Reise

Lange hatte es gebraucht, bis der Bub von seiner schweren Krankheit wieder aufstehen konnte und bis er endlich kräftig genug war, wieder musizieren zu können. Blaß und schmal war er wieder in Salzburg angelangt, aber der Plan des Vaters war geglückt, ihn zum hochberühmten und gefeierten Wunderknaben zu machen.

Wolferl aber war der gleiche bescheidene und fröhliche Bub geblieben, der nun um so emsiger weiterlernte, weil er noch viel, viel mehr können wollte.

Während seines Scharlachs hatte er wieder ein neues Menuett komponiert, und das spielte er jetzt dem Katzerl zur Begrüßung vor. Der Kanarie legte den Kopf schief auf die Seite und dachte wohl:

»Gottlob, jetzt kommt wieder Leben ins Haus! Mit der Köchin allein war's auch zu langweilig!«

»Horchen S', Vater! Er singt immer noch in G!« rief der Wolfgang und pfiff mit. Er musizierte auch fleißig mit Nannerl, mit dem Vater und mit Onkel Schachtner. Einmal phantasierte er allein auf seinem Violinchen, als Schachtner zur Tür hereinkam. Ohne mit dem Fiedeln aufzuhören, fragte Wolfgang:

»Was macht denn Ihre Buttergeige?«

»Meine – was?« rief der Onkel belustigt.

»Ihre Buttergeige! Neulich, als ich drauf g'spielt hab, war sie um einen Viertelton tiefer g'stimmt als meine hier.«

»Das muß ich hören, ob das wahr ist! Geh, Nannerl, spring do amal schnell und hol meine Geigen her!«

Da kam auch der Vater, um zu sehen, ob der Bub wirklich recht hatte, und tatsächlich stimmte es haargenau.

»No, ich hab's doch g'sagt!« knurrte der Sohn beleidigt.

Leopold Mozart steckte schon lange wieder voller Reisepläne. Sein Unterricht wurde immer strenger. Er sah es als seine höchste Lebensaufgabe an, sich ganz den Kindern zu widmen. Sie waren schon richtige, ernsthafte Arbeiter geworden, und es war ein Wunder, daß sie trotzdem fröhliche, übermütige Kinder blieben. Das hatten sie von der Mutter. Wenn sie mit dem trockenen und gründlichen Studium fertig waren, dann sangen sie ihre echt salzburgerischen, kasperllustigen G'stanzeln im breitesten Dialekt und waren Kinder, wie andere auch.

Es war der 9. Juli 1763, als Mozarts wieder aufbrachen zu einer großen, weiten Musikreise.

»Jetzt geht's in die Welt hinein!« sangen die Geschwister zum Wagenfenster hinaus. Es rumpelte, pumpelte, ratterte, knatterte ins bayrische Landl hinaus. Abends dachte man schon in München zu sein, aber kurz vor Wasserburg am Inn, da tat's auf einmal einen Ruck und Knack, daß alles durcheinanderflog, und wie man den Schaden besah, war ein Rad gebrochen. Da half nix, als aussteigen und den ganzen Wagen bei der nächsten Stellmacherei lassen. Der Meister aber, der saß grad irgendwo beim Wein, und so mußte man wohl oder übel in Wasserburg über Nacht bleiben.

Es ist eine liebe, kleine Stadt mit bunten Häusern und kühlen Laubengängen. Mozarts gingen spazieren und schauten auch in die große, schöne Kirche hinein.

»Vater, bittschön, i möcht' amal Orgel spiel'n«, sagte Wolfgang, aber der Vater schüttelte den Kopf.

»Da bist noch viel zu klein! Aber komm mit rauf – ich zeig dir's!«

Da erklärte Leopold Mozart seinem Buben das Pedal, und sofort hatte er's begriffen, den Schemel weggerückt und stehend ge-

spielt, was er sich grad ausgedacht hatte. Der Küster kam. Er hatte die Orgel gehört und konnte es gar nicht glauben, wie er das Kind hantieren sah. Das Kreuz schlug er wie vor einem Spuk und rannte auf die Straße hinaus:

»Leut, geht's her – da drin in der Kirch, da is a kloaner Bua – net größer wie mei Reserl mit sechs Jahr –, de-de-de-der spuit Orgel b-b-b-besser als wie unser Organist!«

Bald hatte es sich in Wasserburg herumgesprochen, was für ein musikalisches Wunder in der Stadt sei, aber die Mozartschen hielten sich nicht lang mit Konzertieren auf, sondern fuhren, sobald das Wagenrad wieder ganz war, weiter nach München.

Es gab nichts Schöneres, als so ein Junisonntag mit blitzblauem Himmel in Bayerns Hauptstadt! Mozarts Wagen rollte durch die breiten, hellen Straßen, durch die schattige Kühle prächtiger Alleen dem Nymphenburger Schloß zu. Weit öffnete sich das Schloßrondell mit den Kavalierhäuschen, und aus der Mitte bunt blühender Blumenrabatten stieg der weiße Wasserstrahl der großen Fontäne in die Luft. In behäbiger Vornehmheit lag das fürstliche Schloß dahinter.

Barock! Diese weißen Schlösser mit ihren unzähligen hellen

Fenstern und den breiten Treppen scheinen immer herzlich zu winken und einzuladen. Es ist auch ein anderes Barock hier in Süddeutschland – als in Frankreich und Italien –, lebenskräftiger, gesünder, und wenn auch jeder kleine deutsche Fürst ein Schloß wie der Franzosenkönig in Versailles haben wollte, und selbst wenn sie ihre Baumeister aus Rom und Paris holten – es wurde einfach anders – es wurde deutsches Barock, und die deutschen Baumeister, wie Balthasar Neumann, Daniel Pöppelmann, Dominikus Zimmermann oder die beiden Fischer von Erlach und viele andere ihrer Zeit, die setzten in Deutschland Bauten hin, die ewigen Wert besitzen und immer wieder glücklich machen, so daß unsere Seele heiter, unser Herz froh wird, wie beim Anhören Mozartscher Musik. Besonders in die bayrische, österreichische, schwäbische Landschaft paßt dieses Barock – in die bunten Wiesen, die fruchtbaren Felder, zu dem Linienfluß der Hügelketten, zu den Windungen der blinkenden Ströme – zu dem wunderblauen süddeutschen Himmel, mit den schneeweißen barocken Bullerwolken und auch zu der derben, lebensfrohen Natur der Menschen.

Aber bei den Gärten der damaligen Zeit war es merkwürdigerweise ganz anders. Da war alles steif und von einer unbeseelten Ordnung. Bäume und Sträucher durften nicht wachsen wie sie wollten. Nein, man stutzte sie zu seltsamen Formen zurecht; die Blumen wurden in Mosaikmustern gepflanzt, die Wege mit steifen Hecken eingefaßt.

Auch in Nymphenburg, dem ländlichen Schloß, das Felder und Äcker besaß, Gärtnereien und Ställe voll Vieh – auch hier war der Park von unnatürlich französischer Steifheit.

Die Mozartkinder spielten aber selig Versteckerl hinter den schönen Büschen und den hohen Sockeln scherzender Pausbackenengel und steinerner Obstkörbe.

Auf einmal hörten sie jemand rufen und sahen einen Kavalier aus dem Fenster winken:

»Mozart! Was macht Er hier in München? Wieder auf Konzertreise mit den tüchtigen Kindern?«

»Halten's zu Gnaden, wir bleiben a Weil in München und wollen über Mannheim nach Paris und – London! Es wird lang dauern, eh wir Salzburg wiedersehn.«

»Très bien! Aber weiß der Kurfürst, daß Er hier ist?«

»Nein, noch nicht!« erwiderte der Vater.

»So werde ich es ihm gleich sagen lassen. Vielleicht geht Er derweilen im Park spazieren! Ich schicke dann einen Läufer, der Ihm Bescheid sagt.«

Menuett in F

Komponiert 1762

Nannerl und Wolferl fütterten nun mit Entzücken die stolzen Schwäne und fremdländischen Vögel in den Seen des Parks und durften die vier kleinen Schlößchen noch anschauen, die in grünen Rasenflächen hinter dicken Bäumen versteckt lagen.

Bald erhielten sie Bescheid:

»Ihre Kurfürstliche Gnaden lassen bitten! Man möchte das Spiel des kleinen Virtuosen hören.« – –

Nach einigen schönen Münchner Tagen ging's über Augsburg und Stuttgart nun nach Ludwigsburg, wo der strenge Herzog Karl Eugen sich gerade aufhielt.

Es war eine lustige Fahrt durchs Württemberger Landl! Manchmal führte die Straße hoch am Berg entlang – unten wand sich schimmernd ein kleiner Fluß, und auf beiden Seiten kletterte Wein die Berge hinauf. Das war den Kindern alles neu, und selbst der Vater wunderte sich über die Städtchen und Dörfer, deren blitzweiße Häuser ihre hölzernen Rippen sehen ließen. Fachwerkbauten kannten die Salzburger ja nicht. Als sie durch Ludwigsburg fuhren, fragte der kleine Wolfgang: »Vater, gibt's hier eigentlich bloß Soldaten und gar keine andern Leut'?«

»Scheint fast so!«

Es gab mehr Soldaten als Zaunlatten in dieser Stadt, und man hörte nichts als »Halt!« und »Vorwärts, marsch!«

Dabei glichen sie einander wie ein Ei dem andern.

Nannerl fragte: »Sind es immer wieder dieselben, oder ist wirklich die ganze Stadt voll davon?«

Vor dem Schloßeingang standen zwei Grenadiere und zwei Dragoner zu Pferd. Die einen hatten die hohe Grenadiermütze auf dem Kopf, die andern den Küraß auf der Brust und wahrhaftig den bloßen Säbel in der Hand. Dazu trugen sie die Haare in vielen Locken vom Kopf weggekämmt und schneeweiß eingepudert, wozu die kohlschwarz gewichsten Bärte zu komisch aussahen.

Mozarts sollten in Ludwigsburg auch wirklich bloß diese Soldaten zu sehen bekommen, denn Karl Eugen war ein Mann, der gerne auf seine fürstlichen Gnaden warten ließ, und zu allem Pech konnte man auch nicht gleich weiterreisen, weil er alle Postpferde, samt den Kutschern, gerade für sich weggeschickt hatte.

So war der Herzog! Der dachte meist nur an sich selber und regierte in seinem Ländchen wie ein Cäsar mit Gewalt. Wer sich gegen ihn auflehnte, dem ging es schlecht! Als der schwäbische Dichter Schubart seinen Landsleuten von Freiheitsideen und dem Recht der Bürger und Bauern erzählte, da ließ es ihn sein »allergnädigster Fürst« höchst ungnädig zehn Jahre lang mit schwerem Kerker büßen.

Der junge Friedrich Schiller bekam die schwere Hand seines Landesherrn sieben Jahre lang zu spüren in jener »herzoglichen Militärakademie«, die sich »Hohe Karlsschule« nannte.

Von den Geldern, die er seiner unterdrückten Residenz erpreßte, lebte Karl Eugen in sinnloser Verschwendung. Allerdings wären ohne diese Selbstsucht Bauten wie das Schloß Ludwigsburg nicht möglich gewesen. Es übertraf an Pracht und Größe die meisten Schlösser Europas. Die Sommerresidenz Solitude lag wie ein Märchenschloß im Wald versteckt, und Karl Eugens Günstlinge durften die Früchte dieser Tyrannenherrschaft mitgenießen, solange es der herzoglichen Launenhaftigkeit gefiel. Zur Zeit hatte der italienische Komponist Jomelli das Glück, mit seiner Musik dem Herzog zu gefallen. Da gab es eben nur Italien, und die italienischen Opern wurden in der württembergischen Residenz zu rauschenden Festen. Was wollte da ein Salzburger Musikantenbübel ausrichten?

Während Mozarts auf Pferde und Kutscher warteten, um weiterzukommen, genossen sie noch mit neidloser Freude Jomellis Musik und verschmerzten dabei die Kränkung, daß Karl Eugen sie nicht empfangen wollte.

In Heidelberg durfte Wolferl auf der Orgel der Heiligen-Geist-Kirche spielen, und nachmittags kletterten die Kinder zur Schloßruine hinauf.

»Wer hat es so kaputt gemacht?« fragte Wolferl entsetzt. »So ein schönes Schloß!«

»Die Franzosen haben's angesteckt vor hundert Jahren«, erklärte der Vater, »aber jetzt kommt mit – ich zeig euch was!«

Du liebe Zeit – das große Faß!

»No, müssen die aber einen Durscht g'habt ham!« rief das Nannerl.

Der Kurfürst von Mannheim hielt seine Sommerresidenz im Märchenpark von Schwetzingen. Hier war der richtige Ort für Musik! Das Orchester des Herzogs war das berühmteste von ganz Deutschland. Die größten Künstler ließ er von weither kommen. Er hatte sich nun einmal vorgenommen, sein Mannheim zum Mittelpunkt geistigen und künstlerischen Lebens zu machen, und was er gerne wollte, das erreichte er, denn Geld genug hatte er dazu und das Kunstverständnis auch.

Den Besuch des kleinen Virtuosen Mozart ließ der Herzog zu

einem köstlichen musikalischen Gartenfest gestalten. Man überbot sich gegenseitig in höchstem Können, glänzendster Laune und strahlendster Fröhlichkeit – es war eine Stimmung, die von Anfang an mitreißen mußte – eines feuerte das andere an – jeder übertraf sich selbst und alles, alles wurde Musik!

Wie verzaubert schien der ganze Park. Dämmerung huschte schon um die netten Gartenhäuschen und geschwungenen Brücklein – die zwitschernden Vögel in den Sträuchern verstummten allmählich, aber das Konzert dauerte weiter – es dauerte vier Stunden und schien doch kurz zu sein. Nardini – Pietro Nardini, der berühmte italienische Geiger – spielte! Seine Geige sang, und Wolfgang war es, als ob die plätschernden Brunnen rundum, die lustigen Steinengelchen auf ihren Postamenten, die schimmernden Goldfische in den Teichen, die silbernen Wolken am Himmel alle dieselbe wippende, flüsternde, kichernde Melodie hätten. Den Mozartkindern war das Herz so voll, daß sie spielten wie noch nie!

Die anwesenden Fürsten, Damen und Kavaliere konnten sich nicht genug tun mit Loben und wollten immer mehr hören.

»Ach nein – bitte, bitte, erst nochmal Nardini!« bettelte Wolfgang.

»Warum denn, Kleiner?« fragte der Geiger freundlich und setzte den Buben auf seine Knie. »Schau, daß *ich* es kann, das ist kein Wunder – ich hab lang gelernt, bis ich soweit war. Aber, als ich so klein war wie du, da war ich noch gar nichts, und niemand klatschte mir zu, wie dir all die Damen und Herren. Wirst nicht eingebildet werden dabei?«

»Bestimmt net«, lachte Wolferl, »aber ich muß nochmal hör'n, wie Sie spiel'n! Bitte! Ja?«

»Wenn Ihre Gnaden, der Kurfürst, damit einverstanden sind und dir soviel daran liegt – herzlich gern!« meinte der Italiener und setzte auf ein Nicken des Fürsten den Bogen auf die Geige und spielte – spielte lachende, schwebende, tanzende Rokokomusik, während ringsum immer mehr flackernde Lichter aufflammten und der Abend langsam aus den rauschenden Bäumen niederstieg.

Wolfgang Mozart hat diesen Abend und Nardinis Spiel zeitlebens nicht vergessen!

Der Abschied wäre wohl recht schwer geworden, wenn nicht neue Städte, neue Abenteuer gelockt hätten. In Mainz blieb Mozarts Kutsche im Quartier, und man fuhr mit dem Marktschiff zwischen Gemüsekörben, schnatternden Enten und dicken Mehlsäcken nach Frankfurt den Main hinauf.

Wolfgang war immer lustig, aber auch schlimm. Er wußte vor

Übermut nicht aus noch ein, sang, trällerte und hupfte den ganzen Tag. Er konnte und konnte die Glieder nicht stillhalten – es ging einfach nicht! Dabei wurde sein Klavierspiel immer besser, sein Violinspiel immer meisterhafter, und er lernte, lernte, lernte. Nun fing der Vater auch mit französischen Stunden an, denn bald ging's über die Grenze nach Paris!

Jeder halbwegs gebildete Mensch sprach damals in Deutschland französisch – schreiben konnten sie es oft besser als deutsch –, und wer gar deutsche Bücher las, der war von vornherein verdächtig, ein moderner, aufwieglerischer Geist zu sein, denn es spukten zu der Zeit an allen Ecken und Enden Gedanken, die den selbstherrlichen Fürsten von Staat und Kirche gefährlich schienen.

Die Kinder begriffen die fremde Sprache schnell, und bald redete Wolferl seine Schwester bloß noch mit »Mademoiselle« an. Das mochte sie nicht und antwortete:

»Tu es a Heuochs a damischer!« und der kleine Bruder tadelte:

»Du wirst's nie lernen – es gibt doch ka H im Französischen –, sag wenigstens Euochs!«

In Frankfurt gefiel's ihnen gut. Das große Konzert, das sie am *18. August 1763* hielten, brachte einen riesigen Erfolg!

Auch Nannerl wurde gebührend gefeiert. Es tat ihr gut, daß hier nun alles von ihr sprach und ihr gewandtes Spiel bewunderte. Sie fühlte sich schon fast zurückgesetzt vor dem fünf Jahre jüngeren Bruder, denn in seinem Alter hatte sie noch längst nicht so gespielt, und komponieren konnte sie gar nicht.

Das Konzert wurde wiederholt, und unter den Gästen war Frau Rath Goethe mit dem vierzehnjährigen Wolfgang, der dem kleinen Namensvetter aus Salzburg begeistert zuklatschte.

Vater Leopold machte große Reklame für seine gefeierten Kinder. Am 30. August 1763 las man eine Zeitungsnotiz, in der es hieß:

> »Die allgemeine Bewunderung, die die niemals in solchem Grade, weder gesehene noch gehörte Geschicklichkeit der zwei Kinder des Hochfürstlich Salzburgischen Kapellmeisters Herrn Leopold Mozart in den Gemütern aller Zuhörer erweckte, hat die bereits dreimalige Wiederholung des nur für einmal angesetzten Konzerts nach sich gezogen. Ja, diese allgemeine Bewunderung und das Verlangen verschieden großer Kenner und Liebhaber ist die Ursache, daß heute, den 30. August, im Scharfschen Saal auf dem Liebfrauenberge, abends um 6 Uhr, aber ganz gewiß das letzte Konzert sein wird, wobei das

Mägdlein, das im 12., und der Knabe, der im 7. Jahr ist, nicht nur Konzerte auf dem Flügel oder Klavier, und zwar letzterer die schwersten Stücke der größten Meister spielen wird – sondern der Knabe wird auch ein Konzert auf der Violine spielen, bei Sinfonien mit dem Klavier akkompagnieren, das Manual der Tastatur mit einem Tuch gänzlich verdecken und auf dem Tuch so gut spielen, als ob er die Klaviatur vor Augen hätte. Er wird ferner in der Entfernung alle Töne, die man einzeln oder in Akkorden auf dem Klavier oder auf allen nur denkbaren Instrumenten, Glocken, Gläsern, Uhren usw. anzugeben im Stande ist, genauest benennen.

Zuletzt wird er nicht nur auf dem Flügel, sondern auch auf einer Orgel, solange man zuhören will, und aus allen, auch den schwersten Tönen, die man ihm benennen kann, aus dem Kopf phantasieren, um zu zeigen, daß er auch die Art Orgel zu spielen versteht, die von der Art, den Flügel zu spielen, ganz verschieden ist.«

Endlich in Paris

Nun war es schon Mitte September, und es hatte sich ein ziemlicher Herbstwind aufgemacht, der der kleinen Segeljacht, mit welcher Mozarts von Mainz nach Koblenz wollten, ziemlich zusetzte. Nach zwei Stunden mußten sie bereits landen und kamen auch am nächsten Tag nicht weit, so daß Vater, Mutter, Nannerl und Wolfgang dreiviertel Stunden zu Fuß nach Bingen laufen mußten, um dort zu übernachten.

Das war schon eine herrlich aufregende Fahrt, diese Rheinreise! Wie anders hier die Berge aussahen als in der Salzburger Heimat! Der mächtige Fluß brauste über tief verborgene Klippen und Felsenriffe mit schäumenden Wirbeln und gefährlichen Strudeln. Die Städte hatten oft kaum Platz zwischen dem reißenden Wasser und den steilen Felsen, an denen der Wein hochkletterte bis zu den düsteren, zerfallenen Burgen.

»Jetzt, Papa – jetzt geht's aber b'stimmt net weiter!« meinte das Nannerl manchmal, wenn die Berge jeden Ausgang abzuschließen schienen, aber dann kreuzte das Schiff wieder auf die andere Seite, und die Kinder sahen mit Staunen, wie sich das Wasser in großem Bogen herumwand und freimachte und lichte Wälder auf den Hügelkuppen sichtbar wurden und neue Burgen, neue Ortschaften,

Kirchen, Rebenhügel – bei jeder Windung zeigte sich die Landschaft anders.

»Was is aber des Binger Loch?« wollte Wolferl wissen.

»Da hat der Rhein halt a Loch, dummer Bub!« zwickte ihn die große Schwester auf, aber am nächsten Tag zeigt es ihm der Schiffer. Er wirft ein Stück Holz in den kreisenden Strudel des Stromes – es tanzt und dreht sich wirbelnd, bis es hinabgezogen wird und nie mehr auftaucht.

»Grad so tät's uns auch gehn, wenn ich da hineinsteuern würde«, erklärte der Mann dem Buben, und der schnaufte ordentlich auf, als sie vorüber waren.

Die Kinder wollten natürlich am liebsten bei jeder Burg aussteigen und hinaufklettern oder auf einer der vielen grünen Inseln des Flusses herumspringen. Sie konnten gar nicht genug schauen, und wenn sie zu lang nach rechts geäugt hatten, schon war auf der linken Seite wieder was versäumt.

Kaum war die hohe Burg Sonneck hinter ihnen, da kam das unheimliche Wispertal, wo der Wind wie mit Geisterstimmen flüstert, und dann tauchte die uralte Stadt Bacharach mit der schönen Kirchenruine auf.

»Und jetzt ist's wie a großer silberner See so weit und still, das Wasser!« wunderte sich Wolfgang.

»Schaun S', Papa, a Schiff – a großes Segelschiff!« schrie er begeistert, aber wie sie näherkamen, entpuppte sich das vermeintliche Schiff als die uralte Pfalzburg, die man als sicheren und wehrhaften Zollwächter auf einen Felsen mitten in den Strom gebaut hatte.

Auch jetzt mußte haltgemacht werden, um in der Stadt Caub gegenüber den üblichen Zoll zu bezahlen.

»Hier sollt' ma' länger bleiben!« seufzte Wolferl, aber dafür hatte der Vater keinen Sinn. Er wollte möglichst schnell weiter, um seine großen Pläne zu verwirklichen. Je größer die Erfolge seiner Kinder waren, desto größer wurde sein Ehrgeiz. Nach dem Mittagessen in St. Goar stieg die Familie wieder in das Schiff, aber schon nach einer Stunde setzte ein solcher Wind ein, daß man wieder Anker werfen mußte.

Am 17. September kamen Mozarts endlich nach Koblenz. Hier mußte Wolfgang erst seinen schlimmen Schnupfen ausheilen, bevor er wieder ein Konzert geben konnte.

Dann aber ging es weiter, rheinabwärts nach Köln und Aachen, wo man Prinzessin Amalie, die Schwester Friedrichs des Großen, besuchte. Ihr Entzücken kannte keine Grenzen!

»Oh, quel amusement! C'est un génie! C'est un petit maître! Er muß in Sanssouci spielen bei meinem Bruder!«

»Wir könnten uns nichts Ehrenvolleres denken, Hoheit, aber glauben Sie mir – es ist besser, wenn wir vorerst in Paris und London Erfolg gehabt haben«, antwortete Vater Mozart ruhig.

»Wieso, Meister – das verstehe ich nicht – der Junge kann doch etwas – das hört doch ein jeder!«

»Ja, aber man hat es leider schwer als Deutscher, sich in Deutschland durchzusetzen. Erst wenn das Ausland einen Künstler lobt, dann gilt er was. Mein Sohn ist ja nicht einmal Schüler eines berühmten Franzosen oder Italieners!«

»Oh, oui, monsieur! J'ai compris! Aber kommen Sie wieder!« rief die Prinzessin. Sie herzte und küßte die Kinder so zärtlich zum Abschied, daß Vater Leopold daheim sagte:

»Wären die vielen Küsse nur lauter neue Louisdor, dann könnten wir unseren Wirt und den Postmeister damit bezahlen!«

Das war überhaupt so eine Sache mit dem Geldverdienen! Die Reise kostete ungeheuerlich viel jeden Tag. Es ging immer eine Menge Zeit drauf, bis man zu den hohen Herrschaften gelangte und bis ein Konzert bestellt war, und dann gab's meist statt Geld bloß kostbare Geschenke, die der Vater vorerst nicht verkaufen konnte. In Löwen, Brüssel, Mecheln – überall bekamen die Kinder Schmucksachen, Zierdosen, Kleider und Uhren. Wolfgang erhielt gleich zwei Degen auf einmal geschenkt – Nannerl kannte sich vor lauter Spitzen nicht mehr aus, und es war ziemlich schwer für die beiden, sich andauernd über Geschenke freuen zu müssen, mit denen sie nicht das geringste anfangen konnten.

»Mama, wissen Sie, was wir hint'nach mit all den Sachen machen soll'n?« fragte das Nannerl besorgt. Und die Mutter schüttelte den Kopf:

»Wahrhaftig, ich hab' keine Ahnung – Andenken sind's halt!«

»Jaso... Andenken! Vielleicht machen wir auch einen Stand damit auf, wenn wir Geld brauchen?«

Aber es war ein herrliches Land, durch das sie jetzt fuhren. In allen Kirchen, Klöstern und Schlössern hingen die wundervollsten Gemälde.

An Rembrandt und Rubens konnten sie sich nicht sattsehen.

Die flämischen und belgischen Städte waren prächtig, die Kirchen steingewordene Musik.

Von Lüttich bis Paris führte eine richtig städtisch gepflasterte Straße, mit Alleebäumen, wie in einem Park.

Wolfgang erklärte dem Nannerl, den Eltern und dem Diener:

»I bin jetzt der König, wo sein Reich besichtigt! Bittschön, mal' Er mir eine Landkarte mit allen Städten und Flüssen drauf.«

Gern gewährte man der kleinen Majestät ihren Wunsch, und es nahm das Lachen kein Ende, als Wolfgang alle Städte und Flüsse nach seiner Phantasie umtaufte. Auf diese Weise war man auf einmal vor Paris, ohne daß die Fahrt lang geworden war.

Paris! Mit Herzklopfen betraten Mozarts die Stadt. Das bunte, fremdartige Leben, die eigene Melodie der Sprache, die Straßen, Kirchen und Paläste, die berühmten Parks und Museen – alles machte einen großen, verwirrenden Eindruck auf die Salzburger, denn solche Pracht und Vielfältigkeit war nicht einmal in Wien zu finden. Die größten Gelehrten, Künstler und Philosophen versammelten sich an dem glänzenden Hof Ludwigs XV. Hier wurde Politik und Mode gemacht. Was Paris erdachte, war maßgebend für die ganze Welt!

Madame Pompadour und Ludwig XV. regierten. Es war ein verschwenderisches, prunkliebendes Leben – ein strahlender Glanz nach außen hin, während die Kinder des Volkes hungerten und im Schmutz verdarben.

Nannerl staunte mit Kinderaugen all die Schminke an:

»Warum sind die Weiberleut hier im G'sicht ang'maln, wie die Berchtesgadner Dockerl?«

Aber der kleine Bruder meinte: »Des is halt französisch!«

Am ersten Abend kam Nannerl im Hotel aufgeregt zum Vater gelaufen: »Papa! Haben S' scho g'sehn, wie hier die Klo ausschaun? Da kann ma kaltes und warmes Wasser spritzen lassen – nauf und nunter! Die Wänd' sind von lauter glatte Kacheln und nacha stehn nach extrige Potschamberln drin aus Porzellan mit Blümerln gemal'n und Glaseln mit Parfüm! Sowas gibt's doch net amal in Wien!«

Da lachte der Vater:

»Hier gibt's das auch bloß in teuren Hotels und Schlössern. Die andern Leut haben's hier noch viel einfacher als wir in Salzburg.«

Jetzt redeten die Kinder schon ganz nett französisch, nachdem sie es dauernd hörten.

Monsieur Grimm, Sekretär des Herzogs von Orleans, half dem Vater tatkräftig, seine Wunderkinder bekanntzumachen. Der hatte die nötigen Beziehungen, und bald ging der Ruhm der Kinder wie ein Lauffeuer durch die Stadt.

In der ›Correspondance littéraire‹ konnte man am 1. Dezember 1763 lesen:

»Ein Salzburger Kapellmeister namens Mozart ist soeben angekommen mit zwei Kindern von der hübschesten Erscheinung der Welt. Seine Tochter von zwölf Jahren spielt in der brillantesten Weise Klavier, sie führt die größten und schwersten Stücke mit einer staunenswerten Präzision aus. Ihr siebenjähriger Bruder ist eine so außerordentliche Erscheinung, daß man das, was man mit eigenen Augen sieht und mit eigenen Ohren hört, kaum glauben kann.

Es ist dem Kinde nicht nur ein Leichtes, mit der größten Genauigkeit die allerschwersten Stücke auszuführen, und zwar mit Händchen, die kaum eine Sexte greifen können, nein, es ist unglaublich, wenn man sieht, wie es eine ganze Stunde hindurch phantasiert und so sich der Begeisterung seines Genies und einer Fülle entzückender Ideen hingibt, welche es mit Geschmack und ohne Wirrwarr aufeinander folgen läßt...«

Monsieur Grimm war bezaubert von dem kleinen Wolfgang. Er schrieb ihm fremde Kompositionen auf und sagte:

»Allons, petit magicien – schreib Er mir dort den Baß darunter!«

»Bittschön, wenn's weiter nix ist!« lachte der Bub und schrieb, ohne zu zögern und ohne das Klavier zu Hilfe zu nehmen, nicht nur den Baß, sondern noch die zweite Violine dazu.

Grimm sorgte auch dafür, daß vier Sonaten von Wolfgang schleunigst bei einem Kupferstecher gedruckt wurden.

»Wolferl, wirst dann recht hochmütig werden, wennst es gedruckt siehst und alle können's lesen, daß du so etwas mit sieben Jahren komponiert hast?« fragte die Schwester halb im Scherz, halb ängstlich.

»Geh weiter, du bist a Schaf!« war die beruhigende Antwort, und man merkte deutlich, daß ihn der Erfolg nicht verdorben hatte.

Im Hause des Prinzen Conti, wo die Mozartkinder sich hören lassen durften, lernte Wolfgang eine verwandte Seele kennen. Johann Schobert, der gefeierte Kammervirtuose des Prinzen, wurde sein Lehrer und seine Kompositionen zum bedeutsamsten Musikerlebnis des Knaben.

Der Vater und Monsieur Grimm waren keine Freunde Schoberts.

»Er ist nichts als ein romantischer Schwärmer!« versuchte der Vater seinem Wolfgang zu erklären, und Monsieur Grimm meinte:

»Schoberts Phantasie schlägt Purzelbäume und er bildet sich noch was drauf ein. Bleib du lieber bei deinem tüchtigen Vater in der Lehre – der ist ein ordentlicher, gewissenhafter Techniker in der Musik. Wenn du das Handwerk kennst – Ideen hast du doch selber genug!«

Aber Wolfgang schüttelte den Kopf, daß das widerspenstige Zöpferl nur so flog:

»I weiß net – irgendwas ist bei dem Schobert... das is anders wie alles, was i bis jetzt g'hört hab. Der kann ja net bloß gut Klavier spiel'n, der kann richtig dichten mit seiner Musik – der kann net bloß dichten – wissen S', Papa – wenn ma oft was sagen möcht, was ma gar net sagen kann – i glaub halt – der Schobert, wenn der was komponiert, da braucht ma gar nix mehr z' reden und nix mehr z' schreiben – da is einfach alles drin, was es gibt auf der Welt und im Himmel droben auch. Und des möcht ich von ihm abschaun!« Das ließ sich Wolferl auch nicht ausreden, und das brachte ihn auf den richtigen Weg.

Am Neujahrstag war »Großes Staatsessen« beim König! Sonst speiste nämlich die königliche Familie immer allein, aber an diesem Tage wurden verschiedene große Persönlichkeiten zugelassen. Natürlich bedeutete es eine hohe Ehre, dabeisein zu dürfen. Mozarts konnten es kaum begreifen, daß sie wirklich und wahrhaftig eingeladen waren.

Sie mußten nun neue schwarze Kleider haben, wie sie dortzuland üblich waren, und der Friseur hatte viele Stunden zu arbeiten, bis er alle vier vorschriftsmäßig zurechtgemacht hatte.

Nannerl rupfte und zupfte vor Aufregung immer wieder an sich herum und ging gar nimmer vom Spiegel weg.

Wolfgang sah als vollendeter Kavalier niedlich aus. Er durfte auch während des Mahls neben der Königin stehen, der es großen Spaß machte, den Kleinen mit Leckerbissen zu füttern. Sie fand es süß, wie er ihr die Hand küßte und wie reizend Nannerl einen Hofknicks machte. Das war in Paris nicht üblich und gefiel den hohen Herrschaften sehr.

Nur Madame Pompadour, die nun eine alte, aufgeputzte Dame war, ließ sich weder die Hände noch den Mund küssen, und Wolferl fragte ganz bestürzt:

»Wer ist die da, daß sie mich nicht küssen will? Hat mich doch die Kaiserin in Wien geküßt!«

Ein Schiff schaukelt nach England

Auf dem Schiff, das der Vater in Calais anheuerte, war nur Platz für zehn Betten, und weil es ein teurer Spaß war, ein Schiff für sich allein zu bezahlen, so suchte er sich noch weitere vier Mitfahrer, obwohl es wahrhaftig gemütlicher gewesen wäre, unter sich zu bleiben. Der Platz war eng und die Seekrankheit unausbleiblich.

Für die Kinder war's natürlich trotzdem lustig. Sie kletterten wie die Eichkatzerln im Tauwerk des Schiffes umeinander und ließen sich nur mit Mühe davon abhalten, die Strickleitern hochzusteigen, wo man so fein alles von oben sehen konnte, wo die Segel im Wind flappten und knatterten und die Möwen kreischend heranflogen.

Das war schon etwas anderes, als so ein Donaukahn oder ein Rheinschifferl! Sechs Meter war der Bord breit, und wenn sich die riesigen Segel blähten, dann kam sich Wolfgang schon fast wie Kolumbus vor und meinte: »Ich entdeck halt jetzt England!«

Aber das Meer meinte es nicht gut mit seinem kleinen Kolumbus – es warf Wellen auf, die das ganze Schiff wie eine Nußschale hin und her schmissen – Wellen, die klatschend, spritzend und

schäumend über Deck sprangen; und die Eltern Mozart hatten sich längst ins tiefste Innerste des Schiffsbauches zurückgezogen.

Dort fanden sich bald einige der Fahrgäste zum Kartenspielen zusammen, und wem es gerade am schlechtesten war, der legte sich halt auf eines der harten Lager, die rings um den Tisch – je zwei übereinander – angebracht waren und wie Schubladen aussahen.

Man konnte besser darin »Kuckuck« spielen als schlafen. Wolfgang hatte mit der Bordkatze Freundschaft geschlossen und durfte auch das Glückstier des Schiffes, ein kleines schwarzes Äffchen, streicheln, das einer der Matrosen einmal aus Afrika mitgebracht hatte. Und das Tierchen schaute aufmerksam zu, wenn Wolfgang auf seiner Geige dem Koch etwas vorspielte.

Am andern Tag sah man das Äffchen mit einem Brett unterm Kinn, wie es mit einem Holzscheitchen eifrig darauf herumsägte. Es hatte wirklich genau beobachtet, und die Matrosen meinten:

»Jetzt mußt du ihm schon richtige Musikstunden geben, dann haben wir immer Konzert an Bord!«

Aber so weit kam es nicht, denn die Meerfahrt war nun bald zu Ende, und alles stand aufatmend und neugierig am Schiffsbug, als man von weitem die weiße Steilküste Englands auftauchen sah.

Dann stieg man mit steifen Beinen an Land. Alles schwankte und wackelte noch stundenlang wie betrunken, bis sich die Füße wieder daran gewöhnt hatten, festen Boden unter sich zu haben.

»Den armen Papa hat's am schlimmsten derwischt!« erzählten die Kinder bei der Ankunft, »aber wir sind alle froh, daß wir jetzt drüben sind über'm Bach. Es hat zu arg g'schaukelt.«

Als erstes mußten nun alle wieder neue Kleider und Hüte kaufen.

»Wie a Maschkera!« meinte der Vater und schüttelte den Kopf. Er und Wolfgang wollten sich scheckert lachen, wie Mutter und Nannerl in ihren englischen Hüten daherkamen. Aber es nutzte nichts – so war's halt hier Mode, und man durfte nicht unangenehm auffallen. Bloß kostete alles Geld, Geld und noch einmal Geld, und der Vater machte sich immerfort Sorgen, ob auch alles mit ihren Konzerten wieder hereinkäme.

Einen Haken hatte es hier auch mit der Sprache! Es gab so wenig Leute, die deutsch sprachen, und englisch zu lernen ist für Süddeutsche viel schwerer als französisch.

Am 27. April hatten Mozarts erste Audienz bei Hof. Es ist gar nicht zu beschreiben, wie nett sie dort aufgenommen wurden! Die junge Königin, die so lieb und mütterlich die Kinder an der Hand nahm, war Charlotte Sophie von Mecklenburg-Strelitz, und sie freute sich wie ein Schneekönig, ihre Muttersprache reden zu können. Auch König Georg III. sprach deutsch mit der Familie, aber er sagte zu dem kleinen Wolfgang:

»Heute wird noch deutsch geredet. Bis zum nächsten Mal möchte ich hören, daß du schon ein bißchen englisch gelernt hast!«

Und richtig, als die Kinder wiederkamen, tat der König, als ob er gar kein Deutsch verstände.

»Wie geht es dir, kleiner Mann?« fragte er auf englisch.

»Danke bestens, Majestät – ich befinde mich ausgezeichnet«, antwortete Wolfgang ohne Zögern so gut er eben englisch konnte. Und der König lachte: »Werden wir heute wieder so schöne Musik zu hören bekommen?«

Worauf Wolfgang rot wurde und meinte:

»Ich weiß nicht, ob sie Euch gefallen wird, aber ich werde mir Mühe geben.«

Und seine Musik machte dem Königspaar solche Freude, daß sie gar nicht genug davon hören konnten. Man legte ihm gänzlich fremde Stücke vor – von Wagenseil, Abel, Händel und Johann Sebastian Bach, dessen jüngster Sohn Christian seit Jahren in London weilte. Wolfgang spielte alles wundervoll!

»Es ist unfaßlich, wie sich das Kind in jede Art sofort einfühlt und alles spielt, als ob es seine eigene Musik wäre!« lobte der König.

»Nun sollst du aber auch einmal auf meiner Orgel spielen – kleiner Meister!« Das machte dem Buben die größte Freude, und wie er auch auf der Orgel ausgezeichnet spielte, da nahm das Klatschen und Bravorufen kein Ende.

»Dein Orgelspiel ist überhaupt das Allerschönste!« rief die Königin und umarmte den kleinen Landsmann.

Wolfgang war nur noch Musik! Er lief wie mit verbundenen Augen herum und sah nichts von der neuen Stadt – hatte den Kopf voll Melodien, und wenn er nicht gerade selber spielte und komponierte, dann hörte er fremde Musik.

Christian Bach wurde sein Lehrer, und der liebenswürdige Künstler freundete sich so mit seinem kleinen Kollegen an, daß sie wie ebenbürtige Kameraden zusammen musizierten.

Der berühmte, geniale Sohn des großen Johann Sebastian Bach nahm den kleinen Salzburger Buben auf seinen Schoß und sagte:

»Paß auf, jetzt wollen wir zaubern, daß du und ich eins werden! Wir spielen eine Sonate zusammen – immer du ein paar Takte und dann ich wieder, und man darf nicht merken, wo der eine aufhört und der andre anfängt! Magst?«

»Freilich – das geht fein!« stimmte Wolfgang zu, und es wurde eine Sonate, als ob sie wirklich von einem gespielt worden wäre.

Ein andermal fing Christian Bach eine Fuge an, und Wolfgang spielte sie weiter, als ob er sie selbst komponiert hätte – nur ganz im Stile Bachs –, so vermochte er sich sofort in jede Musik hineinzufühlen. Doch bei Bachs Stücken war es ihm besonders leicht, denn die sprachen ihm alle aus dem Herzen.

»Du sollst aber nicht immer bloß was von mir spielen! Es gibt Größere, die du kennenlernen mußt«, lachte der Lehrmeister. »Ich glaube, wenn du viel Händel hörst, dann wirst du ihn bald mehr lieben als mich. Er ist auch ein Deutscher, der in London lebte. Nun ist er leider schon fünf Jahre tot, aber seine Musik ist unvergänglich.«

»Ja, das ist was!« rief Wolfgang immer wieder entzückt und konnte gar nicht genug davon bekommen.

Dann schrieb Wolfgang seine erste Sinfonie.

Großen Eindruck machten ihm die großen italienischen Opern, die er sehen durfte, und dabei lernte er einen angebeteten Liebling der Engländer kennen, den großen italienischen Schauspieler und Sänger Manzuoli.

Der konnte ein Lächeln kaum unterdrücken, wie ihm der Bub Wolfgang als »Weltwunder« und »einmaliges Genie« vorgestellt wurde. Liebe Zeit, man konnte es dem Bürschlein ja auch wirklich nicht ansehn!

Aber als Wolfgang ihm vorspielte und mit seiner hellen Knabenstimme gänzlich unbefangen die schwierigsten Opernstellen vorsang, die er eben erst gehört hatte, da sprang der Italiener auf, packte den Vater und Christian Bach bei den Schultern und konnte sich gar nicht beruhigen vor Überraschung und Freude!

»Klavierspielen, geigen, komponieren und diese bezaubernde Stimme! Bub, du mußt zu mir kommen – wir wollen zusammen musizieren! Diese Stimme muß ich ausbilden! Mister Mozart, sind Sie einverstanden? Ich will keinen Kreuzer dafür haben – nur so aus Freude an solchem Talent.«

Und dann sang Wolfgang halbe Tage mit Manzuoli zusammen. Er lernte viel daraus für seine späteren Kompositionen. Er entwickelte nun ganz seinen eigenen Geschmack, unbekümmert um den Vater, und sein musikalisches Gehör betrog ihn nie. Der Vater war klug genug, ihm darin nichts dreinzureden, er sagte zur Mutter:

»Von mir kann der Bub nicht mehr viel lernen, der ist mir einfach über den Kopf gewachsen. Ich hab getan, was ich konnte, aber nun muß er sich bei den Großen unserer Zeit Anregung holen, und wir dürfen uns keine Gelegenheit entgehen lassen, wo er sich weiterbilden kann.«

Als Mozarts einmal von einem kleinen Konzert nach Hause kamen, das die Geschwister veranstaltet hatten, da ließ sich ein älterer Herr ansagen, der in seiner würdigen Perücke unsagbar komisch aussah.

»Professor Barrington!« stellte er sich vor und machte ein strenges Gesicht: »Ich möchte mir einige Notizen für ein musikalisches Werk machen. Ist es gestattet, daß ich Ihren Herrn Sohn einmal wissenschaftlich prüfe, ob seine erstaunliche Kunst Zauberei oder angelernter Zirkustrick ist, oder ob dieser Knabe auch einer ernsthaften Betrachtung standhält?«

»Oh, bittschön!« lächelte Vater Leopold spöttisch, und die Kinder wollten zerspringen vor Lachen.

Gleich darauf fing der Professor eine musikalische Prüfung an, die Wolfgang entsetzlich witzig vorkam, aber er machte mit dem unschuldigsten Gesicht der Welt, was der Gelehrte ihm aufgab, und die böse Strenge in dessen Gesicht verwandelte sich bald in ein gütiges Staunen. Er schüttelte den Kopf, daß der Puder nur so aus der Perücke stäubte, und verlangte zum Schluß, als ihm gar nichts mehr einfiel:

»Nun spiel mir mal eine Arie, wie du meinst, daß sie Manzuoli singen möchte!«

»Wenn's weiter nix is!« meinte Wolfgang und fing eine rührende Liebesarie an.

»Aber kannst du auch den Zorn darstellen?« fragte der Professor, als er sich von seiner Verwunderung erholt hatte, und er wünschte bald, er hätte Wolfgang nicht darum gebeten, denn alsgleich fing der Bub an, wie ein Holzknecht seinen Zorn, den er nun wirklich im Leibe hatte, aufs Klavier zu hämmern, wobei er nur so auf dem Sessel herumhupfte.

»So!« schrie er, »und jetzt mog i nimmer!« Dann lief er einer kleinen Katze nach, zog sie am Schwanz zu sich her und trollte damit ab. – –

– »Jetzt möchte ich eine große Oper schreiben!« verkündete Wolferl eines Tages, »die soll in Salzburg aufgeführt werden. Bittschön, Vater, helfen S' mir doch alle Namen aufschreiben von dene, die mitspiel'n dürfen!«

Es blieb ihm aber keine Zeit! Er schrieb Sonaten für die freundliche Königin und war der Liebling von London. Nannerl hieß »die geschickteste Spielerin von ganz Europa« und genoß ihren Ruhm mit kindlicher Freude.

Einmal ging Familie Mozart im St.-James-Park spazieren, als plötzlich der Wagen des Königspaares angefahren kam. Der König öffnete das Fenster, steckte den Kopf heraus, winkte mit beiden Händen und rief: »Einen schönen guten Morgen!«

Man konnte gar nicht denken, daß dies der König und die Königin von England waren, so freundlich waren sie.

Wie anders war diese Stadt und das Leben hier, als in Paris! Man spürte das Meer, den Handel, die Schiffahrt. Große Segler kamen aus fremden Ländern, am Hafen war ein ständiges Kommen und Gehen, Waren wurden ein- und ausgeladen, und ständig hörte man den Flügelschlag und das Kreischen der weißen Möwen.

Die schönste mittelalterliche Festung, den Tower, durften die Kinder besichtigen, und es rieselte ihnen schauerlich über den Rücken, als sie von den finsteren Geschichten hörten, die sich in diesen grauen Mauern abgespielt hatten. Nein – das war nichts für Wolferls empfindsames Herz, und wie er obendrein noch plötzlich Löwengebrüll aus einem Käfig hörte, da floh er erschreckt zur Mutter und konnte nicht schnell genug wegkommen.

Besser gefiel's ihm in den großen, freien Parks, wo sie auf den weiten Rasenflächen herumtoben durften. Hier war nichts von der Steifheit der französischen Gärten zu spüren. Keine Gärtnerschere schnitt aus den grünen Hecken hier Kugeln, Tiere oder andere künstliche Figuren, die Wege und Beete waren nicht gleichmäßig um irgendeinen Springbrunnen herumgeordnet – alles war freie Natur, bloß parkartig gepflegt, wie man das in Deutschland später einen »englischen Garten« nannte.

Es war eben alles anders in London. So gab's auch keine Kutschen zu mieten. Man ließ sich in Sänften tragen, was den Kindern einen riesigen Spaß machte. Da war es an einem schwülen Julitag, daß die Kinder von dem vielen Herumlaufen müde wurden und bettelten:

»Papa, mieten S' uns doch an solchen Tragsessel – unsere Haxen, die mögen einfach nimmer!«

»Is scho recht, Kinder«, lachte der Vater, »aber ich möcht' gern noch a bissel laufen – ich komm' dann hinterdrein!«

So lief er denn eine gute Weile nebenher, aber die Sänftenträger hatten so schnelle Beine, daß der arme Vater kaum nachkam und fürchterlich in Schweiß geriet. Nun mußten sie aber abends in einem großen Saal konzertieren, dessen Fenster wegen der schrecklichen Hitze sperrangelweit offenstanden. Und dann ging's »Hatschi!« und wieder »Hatschi!« und immer wieder verschwand des Vaters Nase in seinem großen Schnupftuch.

»Wie kannst du aber auch so leichtsinnig sein!« schimpfte die Mutter besorgt. Und richtig hatte sich Leopold Mozart eine schwere Erkältung geholt. Er wurde so krank, daß man zu seiner Erholung aufs Land ziehen mußte.

So wohnte dann die ganze Familie in dem kleinen Chelsea bei London und wartete auf des Vaters Gesundung. Es ging aber sehr, sehr langsam. Er war noch schwach wie ein kleines Kind, und die Geschwister mußten sich allein beschäftigen.

Sie arbeiteten viel zusammen, und dabei machten sie eine ganz neue Erfindung! Bislang hatten sie, wie es üblich war, auf zwei Instrumenten vierhändig gespielt oder auf einem Flügel, der zwei Klaviaturen besaß, aber auf einmal kam Wolfgang der Gedanke:

»Du – Nannerl! Paß mal auf – jetzt schreib i was, des muß ma' vierhändig spielen können auf derselben Klaviatur – – paß auf – i glaub, des muß gehn!«

Und wie sie es probieren – da stimmt's wirklich haargenau. Ganz närrisch sind sie vor Entzücken über diese Entdeckung und können sich gar nicht genug tun, diese neue Art einzustudieren.

»Ihr seid's scho' rechte Teufelskerl – ihr zwei«, sagte der Vater in ehrlicher Bewunderung.

Dann hockte der Bub wieder über einer Sinfonie! Er schrieb, bis ihm die Augen weh taten, und bat das Nannerl: »Gell – erinner mich dran, daß ich den Hörnern viel zu tun geb!«

Nach sieben Wochen kehrten sie nach London zurück, aber es war nicht derselbe Erfolg. Die Neugier des großen Publikums war nicht mehr da, und die Konzerte blieben leer. Das war ein schwerer Schlag für den Vater, und wenn er daraufhin gar zu laut Reklame für seine Kinder machte, dann vertrieb er die letzten Freunde damit. Da nichts mehr zu erhoffen war, sagte er: »Wir wollen sobald wie möglich abfahren nach Holland, da wollte uns die Prinzessin und der Prinz von Oranien hören.« Vor der Überfahrt bangte ihnen aber sehr, nach den schlechten Erfahrungen vom letztenmal. Der Vater schrieb eigens nach Salzburg, damit man dort sechs Messen lesen ließ – je zwei in drei verschiedenen Kirchen –, um den wilden Seegang im Kanal zu beruhigen. Sie kamen diesmal auch ohne Seekrankheit in Calais an und hatten gleich viele Konzerte zu geben.

Wolfgang und der Vater waren wieder schwer erkältet, aber man hatte keine Zeit, sich auszuheilen. In Antwerpen spielte Wolfgang die große Orgel der Kathedrale. Nach Rotterdam kam man in einer Tagesreise mit Kutsche und Schiff. Überall in den blitzsauberen holländischen und flandrischen Orten gab es eine

Menge Erstaunliches zu sehen. Die herrlichen großen Kirchen sind voller Kunstwerke, die Kaufmannshäuser haben reiche Giebel, in dunklen Kanälen, die dortzulande Grachten heißen, fahren schwerbeladene Lastkähne, und die lustigen, bunten Trachten der Holländer gefielen dem Nannerl zu gut: »Schad', daß wir hier nicht länger sind! So ein weißes Holländerhauberl tät mir net übel stehen, und wie möcht der Wolferl mit weiten Pluderhosen und Holzpantoffeln daherkommen?«

Aber bald hatte das arme Nannerl keinen Sinn für solch lustige Gedanken mehr. Sie war nun sehr schwer krank geworden, so arg, daß der Doktor und die Eltern jede Hoffnung aufgegeben hatten. Sollten sie ihr geliebtes Nannerl in fremder Erde begraben? Es war zu traurig, als daß man es zu Ende denken konnte!

Sie hatten ihr Nannerl doch so lieb! Aber das Mädel war ganz abwesend, sprach in Fieberträumen deutsch, englisch und französisch durcheinander, und der Arzt wußte keinen Rat. Es war wohl eine schwere Lungenentzündung. Die Kräfte nahmen immer mehr ab, und es schien, als ob sie des Bruders tröstendes Klavierspiel gar nicht mehr hören könnte.

Vater und Mutter lösten sich bei der Nachtwache ab. Die arme Mutter! Sie ängstigte sich halb zu Tode: »Ich verwünsch' noch die ganze Reise, so schön wie's sonst gewesen ist!«

Aber wie sie grad dachte, daß nun doch gar nichts mehr helfen könnte, da schickte im letzten Augenblick die Prinzessin von Weilburg ihren eigenen, guten alten Arzt, der sonst zu niemandem mehr ging.

Der verordnete gleich allerhand neue Arzneien und eine ganz andere Behandlung, und bald zeigte es sich, daß er mehr verstand als der andere Doktor. Er hat Nannerl gerettet! Ganz langsam wurde es besser. Das Fieber ließ nach, sie konnte wieder ein bißchen essen, und mit schwacher Stimme bat sie den Bruder:

»Geh, Wolferl, spiel mir ein bissel was! Hast was Neues g'schrieben?«

»O mei! Ganze Pack! Was hätt i denn tun soll'n die ganze Zeit? Weißt, das war scho allerhand von dir, grad hier so krank zu werden. In Paris hätt' i wenigstens den Schober g'habt – in London Meister Bach . . .!« Da lacht das Nannerl ein bissel:

»Du Tropf, du miserabliger! Das nächstemal mach ich's dann g'scheiter! Aber der Vater hat g'sagt, du hätt'st an neuen Musikschwarm – is des wahr?«

»Ja – den mußt du hören – Nannerl! Joseph Haydn heißt er – daß wir ihn net eher g'hört haben – er ist in Wien!«

Aber noch ehe die Geschwister wieder zusammen musizieren konnten, legte sich Wolfgang mit hohem Fieber ins Bett. Mit großen, glänzenden Augen lag er in den Kissen. Ernst, blaß und mager!

Mit einem Teelöffel flößte ihm die Mutter Tee ein. Immer wieder mußte sie seine heißen, spröden Lippen befeuchten. Die Zunge war wie Holz so trocken.

»Bleib bei mir, Mutter!« flüsterte der Bub und tastete nach ihrer Hand.

»Ist's wahr, daß unser Kaiser Franz g'storben is?«

»Ja, Herzerl, und jetzt hilft der Joseph seiner Mutter regieren – weißt, der junge Erzherzog, der damals so nett war mit uns!«

»Der hat doch auch gut Klavier g'spielt – gell?«

Immer dachte er ans Musizieren – der kleine Wolfgang.

Dann schlief er acht Tage fast ununterbrochen, und die Mutter ging kaum von seinem Lager weg. Auch wenn er wach war, sprach er kein Wort.

Es war zu quälend, das Kind, das sonst immer lebhaft und heiter war, so teilnahmslos liegen zu sehen. Wenn es endlich den Mund auftat, waren es lauter unverständliche, wirre Dinge. Es machte mit den Händen wie beim Dirigieren, weinte und lachte durcheinander. Sein kleiner, schwacher Körper kämpfte hart, bis er sich wieder zum Leben durchsetzte.

Eines Tages bat Wolfgang mit heiserer Stimme um Stift und Notenpapier. Mit zitternden Händen schrieb er Noten. Immer wieder sank Wolfgang ermattet in die Kissen, aber er raffte sich wieder auf und schrieb und schrieb seitenweise. Er mußte komponieren, er mußte einfach! Was seine letzte Kraft hergab, das schrieb er – es waren Sonaten für Klavier und Violine und manches andere. Aber der Drang zur Arbeit riß ihn auch wieder hoch.

»Mutter! I muß ans Klavier!« bat er plötzlich. Man wollte ihm die Bitte nicht abschlagen, trug ihn auf dem Sessel hin – stützte ihn, und er spielte, solange es ging. Es war noch zu anstrengend für den geschwächten Körper, aber jeden Tag wurde es ein kleines bissel besser. Von Mutter und Schwester gehalten, machte er dann allmählich unsichere Schritte durchs Zimmer – mußte erst richtig wieder gehen lernen, wie ein ganz, ganz kleines Kind, und war stolz, als er endlich wieder allein stehen konnte, ohne zu torkeln. Aber es war immer noch ein jämmerliches Bild – nur Haut und Knochen war das Kerlchen, und man wußte wirklich nicht, wie es die Strapazen der Heimreise aushalten sollte.

Dabei hatte der Vater noch so viel Pläne! Und man mußte unbedingt über Paris zurück, weil ein gut Teil des Gepäcks dort geblieben war. Die Mutter sorgte sich sehr. Es war ein bissel viel die letzten Wochen, und wie konnte man einen Kranken so richtig pflegen, wenn man nicht daheim war? Aber die gesunde Natur und der Lebenswille hatten gesiegt! Die Frühlingssonne half auch noch mit, und bald rollte der Wagen mit Familie Mozart wieder auf der Landstraße.

»Wir sein scho die reinsten Zigeuner, gell, Mama?« meinte das Nannerl.

»Ja, und ihr seid's die reinsten Zirkuspferdln!« lachte die Mutter. Ach, jetzt konnte sie wieder lachen und fröhlich sein, wie es ihre Art war, die gute Mutter! Und man sang wieder übermütig miteinander auf den langen glatten Landstraßen Hollands. Wind-

mühlen drehten knackend ihre großen Holzflügel, am Strohdach der Bauernhäuser standen klappernde Störche auf einem Bein.

»Schaun S' nur grad, Vota, Mutta! Da rutschen Segelschiff über die Wiesen, als wenn's einer an ein Schnürl zieht!« schrie der Wolfgang. So sah es auch wirklich aus, weil man das Wasser des Kanals, auf dem sie durchs Land schwammen, ja von weitem nicht sah.

Stundenlang ging die Fahrt durch jauchzend bunte Tulpenfelder links und rechts der Straße. Kein Berg – kein Hügel – weit und breit nur flaches Land – glatt wie ein Pfannkuchen.

In Amsterdam, der schönsten Hafenstadt, standen Mozarts vor einem großen Handelssegler.

»Schaun S', Vater! Da tun's Ballspiel'n!« rief das Nannerl aufgeregt, denn sowas hatte sie noch nie gesehen. Da standen Männer, die warfen sich immerfort dicke rote Bälle zu – einer dem andern, und zuletzt verschwanden die Bälle im Schiffsbauch, und wie Wolfgang so fassungslos dastand, rief einer der Männer ihm etwas auf holländisch zu, das er nicht verstand, und schmiß ihm auch einen solchen Ball zu. Aber Teufel, war der Ball schwer! Fast hätte Wolferl ihn nicht auffangen und weiterwerfen können. Da lachten die Männer. Wolfgang beschnüffelte seine Hände, die so eigenartig rochen – – Käse! Holländischer Käse!

»Des is lustig, daß sie hier mit Käs Ball spielen!« meinte er vergnügt.

Ach, es gab ja so viel zu sehen! Wolfgang, der mit Musikeraugen durch die Welt fuhr, war so empfänglich für jeden Eindruck. Ob es das Lied des Windes war, der hier vom Meer her salzig duftend übers freie Land ging und die weiße Wäsche flattern ließ, oder das stille, flackernde Kerzenlicht in feierlichen Kronleuchtern – ob es eine kleine Freude war oder ein bißchen Traurigkeit –, alles lebte weiter in seinen Kompositionen. Er konnte es oft gar nicht so schnell aufs Papier bringen, wie es ihm einfiel.

Aber bei allen neuen Eindrücken dieser Reise dachte er immer wieder an daheim. Heimatliche Volkslieder kamen ihm in den Sinn. Er phantasierte Variationen um die alten, schönen Melodien – es entstand der ›Galimathias musicum‹ – und fing ganz groß mit einem Händelzitat an, wie bei einer Ouvertüre, aber statt des Allegros hört man plötzlich ein Cembalo und ein lustiges Husarentänzchen, dann braust ein gewaltiges Orchester los, das in ein zierliches Menuettchen ausklingt. Nach einem beinahe traurigen Trio freut man sich, ein Hörnerlied vom Kammerlfensterln zu hören, und die Bauernhochzeit endet mit Dudelsackbässen und lustigem Schuhplattler. Den Schluß aber bildet eine Fuge zu dem holländischen Volkslied ›Willem von Nassau‹, um der Prinzessin Freude zu machen.

»Bleiben wir lang in Paris?« wollte Wolfgang von seinem Vater wissen, aber der schüttelte den Kopf:

»Wohl kaum! Du weißt doch – wir wollen noch nach Dijon und Lyon, nach Genf und Lausanne, nach Bern und nach Zürich und noch vielerwärts hin, und bis zum Winter wollen wir doch daheim sein, sonst werdet ihr mir am End noch amal krank unterwegs.«

Am Zürichsee, wo das Münster schlank und hoch seine zwei Türme in den Himmel hob, im schönen alten Zürich erlebten Mozarts vierzehn Tage voll schweizerischer Gastfreundschaft. Der Dichter und Maler Salomon Geßner führte sie in einen Kreis liebenswürdiger Künstler ein, und es war schwer, Abschied zu nehmen. Aber einmal mußte es ja heimwärts gehn. Nach vielen, vielen Konzerten und großen Erfolgen trafen Mozarts am 15. *November 1766* wieder in München ein.

Kaum hatte der Kurfürst erfahren, daß die Musikerfamilie wieder im Lande sei, ließ er ihnen einen Brief schicken, daß er begierig sei, die Fortschritte der Kinder nach der dreijährigen Reise zu hören.

Man speiste zusammen, und halb im Scherz fragte der Kurfürst den Buben:

»Kannst du mir daraus schnell ein Stückerl komponieren?« wobei er ihm ein paar Takte angab.

»Mit Verlaub, Eure Gnaden!« lächelte Wolfgang, und machte sich schnurstracks an die Arbeit.

Groß war die allgemeine Begeisterung, als Wolfgang nach dem Mahl im Kabinett das Ergebnis vorspielte. Der Kurfürst nahm ihn bei den Schultern und sagte zu dem Vater:

»Auf den darf Er stolz sein!«

Dann winkte er dem Diener: »Der Kleine soll ein besonders schönes Andenken aus meiner Porzellanfabrik mitnehmen...!«

Und man brachte einige von Bustellis reizenden Figürchen:

»Such dir eins aus – kleiner Mozart –, dies zarte Porzellan, das paßt zu deiner Musik! Der Meister Bustelli, der es modelliert hat, ist tot, aber du kannst weiterschaffen und wirst ein Großer werden!« sagte der Kurfürst.

In Salzburg kannte fast niemand die Kinder wieder, denn sie hatten sich wirklich sehr verändert.

»Und mit der Arbeit wird's jetzt erst richtig ernst!« sagte Vater Leopold.

Daheim in Salzburg

Die Köchin Thresel hatte eine Riesenfreud, daß die Kinder wieder da waren. Aber eigentlich waren sie ja gar keine Kinder mehr. Das Nannerl war schon fast eine richtige Dame.

»Jetzt muaß i scho bald ›Sie‹ sagen«, meinte die Thresel zum Wolferl, »wo d' jetzt scho' zehn Jahr alt bist! Und so berühmt und weit umanand g'fahrn.«

»Und i sag dann ›allerhöchstgnädigste Hofküchenmeisterin‹ zu dir, wennst einen Grant hast!« lachte der Bub und mußte schnell davonsausen, weil die gute Thresel nach alter Gewohnheit mit dem Kochlöffel auf ihn losging. Es gab eine lustige Jagd durch die ganze Wohnung, und die Mutter kam grad noch recht in die Küche, daß sie die Milch retten konnte, die unterdessen am Überkochen war.

»Und a paar Kammerherrn brauch i jetzt auch, daß d' es nur weißt, Thresel! So, wie einer von dene Puderkaschperl in Paris – der hat gleich viere zum Anziehn braucht. Einer hat den linken Schuh 'bracht und der andere den rechten, und der nächste hat ihm die Westen hing'halten und der letzte den Rock, und zum Schluß haben s' ihm alle miteinander den Puder in die Haar g'staubt mit kleine Blasbalg und . . .«, aber weiter kam der Bub nicht mit Erzählen, weil ihm die Küchentür vor der Nasen zugemacht wurde und die Schwester mit einer Mehltüte daherkam, in die sie grad hineinblasen wollte, um den hoffärtigen Herrn Bruder aus Gaudi einmal gründlich zu pudern.

Oft redeten sie einen närrischen Unsinn aus gemischten Sprachen, oder die Mutter machte täuschend die gnädige Majestät nach, die sich huldvoll von den Mozartkindern etwas vorspielen ließ. Und zum Schluß sagte sie todernst:

»Oh, mon dieu! Jetzt habe ich kein Geld, um euch zu bezahlen, und alle meine Schmucksachen sind verpfändet – aber ich will mal sehen, ob mein Gemahl nicht seinen Reichsapfel entbehren kann!«

Und dann fanden sich gleich zwei Reichsäpfel, die höchst eßbar dufteten und in die man gleich hineinbeißen konnte.

Da muß man nicht meinen, daß die kleine Heimatstadt Salzburg nun zu still geworden wäre im Vergleich mit den großen Städten der Welt, die Wolfgang und Nannerl gesehen hatten! Wohl schaute die wuchtige Burg streng von den steilen Felsen auf das enge Gassengewirr herunter, aber so streng konnte sie gar nicht schauen, daß davon das lustige, bunte Leben da drunten aufgehört hätte.

In Salzburg war immer etwas los, und die hohen Fürsterzbischöfe nebst den gelehrten Herren Professoren der Universität hatten selber die größte Freude an Theater und Musik. Das Komödienspielen liegt den Salzburgern im Blut.

Draußen auf dem waldigen Hügel des Lustschlößchens Hellbrunn ist das älteste deutsche Freilichttheater – eine riesige Felsenhöhle, in der sich die größten Opern und die lustigsten Stückerl aufführen ließen. In der Residenz und in der Universität waren große Bühnen, die sich mit den besten Theatern Deutschlands messen konnten.

Wolfgang ist als kleiner Bub an der Hand des Vaters oder mit dem Onkel Schachtner, der auch Theaterstücke schrieb, schon auf den Brettern herumgeklettert. Die eigenartige Welt der gemalten

Kulissen, der prächtigen Kostüme, die Welt der Schauspieler und Musiker war ihm von Kindheit auf bekannt. Er ging über die Bühne wie einer, der von Anfang an dazu gehört, und hatte ja durch den Beruf des Vaters, der seit 1743 als Lehrer und Musiker am Hof tätig war, überall Zutritt, wo sonst kleine Buben weggejagt werden. Er schleppte die rostigen Schwerter herbei, die man für ein Heldenstück aus der fürsterzbischöflichen Residenz entlieh – er durfte den Schminktopf halten und zuschauen, wie sich ein ehrbarer Salzburger Bürger in einen wilden Neger verwandelte oder ein lustiger Student in einen alten, gelben Chinesen. Er liebte das Fiedeln, Dudeln und Brummen der Instrumente vor der Probe und kannte jedes Stück, bevor es zur öffentlichen Aufführung kam.

»Vater, gibt's eigentlich Städte, wo sie kein Theater ham?« fragte Wolfgang einmal. »Des müßt aber fad sein!«

Nun war er grad dabei, ein närrisch-schönes Kostüm anzuprobieren, das ihm die Mutter für Fastnacht genäht hatte. Auch das Nannerl war bald nicht wieder zu erkennen, als sie sich verkleidet hatte.

»Am Nachmittag dürft's nunter und mitmachen!« versicherten die Eltern.

Vom Fenster aus sah man schon einzelne Gestalten, die den Karneval ankündigten. Die ganze Stadt schien verrückt geworden zu sein und in einem Regen von buntem Konfetti und Luftschlangen zu ertrinken.

Heut' war es anders als neulich bei dem feierlichen Kirchenfest, wo die kostbaren heiligen Fahnen von starken Männern langsam in einer Prozession mit Posaunenklängen feierlich durch die Straßen getragen wurden! Heut' spukten wilde Strohmänner und Gestalten der Urweltmenschen mit Bockshörnern und wilden Mähnen, Kerle mit Teufelsschwänzen und Zottelpelzen umeinander, und wenn einen ein freundlich-hübsches Mädchengesicht anlachte, dann wußte man nie, ob hinter der Maske nicht ein stoppelbärtiger Gesell steckte. Es war ein Gewirbel und Getu in der Stadt, daß jeder mitmachen mußte, der überhaupt nur die Nase vor die Tür steckte, und rasch waren die Mozartkinder im allgemeinen Trubel verschwunden.

Bald darauf gab's ernste Arbeit für Wolfgang! Seit seiner Rückkehr von der Reise hatte er überall ein bissel mitgetan. Im Knabenchor gesungen oder für das Gastspiel irgendeiner italienischen Sängertruppe komponiert. Die Ideen strömten ihm unaufhörlich zu.

»Wissens S', Vater, wenn i wieder so einen richtig guten Schauspieler oder Sänger g'hört hab, dann fallt mir gleich wieder so viel Neues ein, daß ich's gar net so schnell niederschreiben kann«, sagte er.

Und eines Tages kam Vater Leopold nach Haus und brachte die Freudenbotschaft, daß Wolfgang für den Bischof ein Oratorium schreiben solle.

»Da kannst endlich amal zeigen, daß du net bloß a guter Klavierspieler bist, sondern auch komponieren gelernt hast.«

Aber Wolfgang lachte:

»Hoffentlich sagen die Salzburger hintnach net doch wieder, daß du alles g'schrieben hast!«

»Das geht in dem Fall schlecht, und das ist das Günstige dran – du sollst beim Erzbischof droben in der Burg deine Arbeit machen – streng in einem Raum für dich abgeschlossen, damit sie ganz sicher sind, daß niemand dir hilft und niemand dich beeinflußt! Michael Haydn und Adlgasser schreiben die beiden andern Teile.«

»Fein! Da muß i aber fest schaffen, daß mei' Arbeit daneben bestehn kann«, rief der ehrgeizige kleine Komponist, und konnte es schier nicht erwarten, mit Papier und Feder eingesperrt zu werden.

So schrieb er denn auch mit vollkommener Sicherheit seine Musik und bestand die Probe in Ehren.

Fürsterzbischof Sigismund sagte mit ehrlichem Staunen: »Wenn nicht die vielen Tintenkleckse wären, dann würde man es nie für die Arbeit eines Knaben halten!« Und Michael Haydn, der Bruder des großen Joseph Haydn in Wien, klopfte dem kleinen Kollegen achtungsvoll auf die Schulter und meinte: »Du machst einem die Konkurrenz nicht leicht, Wolfgang.«

Die Texte solcher Theaterstücke waren meist von den Professoren der Universität. Aber auch Werke des großen Bühnendichters Metastasio, die meist Onkel Schachtner übersetzte, kamen aufs Programm.

An Weihnachten, Fasching, Ostern und zum Schulschluß wurde in der »Aula academica« gespielt, die nun seit über hundert Jahren schon allerhand gezeigt hatte. Alle Ehre setzte man daran, diese Feiern zu einem Ereignis der ganzen Stadt zu machen. Als Schauspieler konnte jeder mitmachen, der brauchbar war – vom ersten Semester »Praefectus« –, dazu im Chor auch die jüngsten Schüler. Im Gegensatz zu anderen geistlichen Theatern durften hier sogar Frauen ihre Rolle spielen.

Mozarts Wolfgang war nun jede freie Minute, die er nicht beim

Vater Unterricht hatte, drüben bei den Proben. Da wurde gerade der Hannibal einstudiert zum Semesterschluß.

»Und wie wird's heuer mit der Preisverteilung an die Studenten?« wollte die Mutter wissen, und Wolferl konnte nicht genug erzählen vom Gott Merkur, der zwischen den Wolken herniederfahren soll, um auf offener Szene die glücklichen Preisträger zu ehren.

»Gar nix sieht man von die Messingschnür – richtig, wie wenn er schweben tät, kommt er daher, und da gibt's eine laute Musik dazu, damit die Leut nix rumpeln hör'n«, berichtete er aufgeregt. »Ich hab auch amal dürfen!«

»Was dürfen?« staunt die Schwester, und der Bruder lacht.

»No – schweben halt – wie der Merkur! Wir waren unser viere in der Maschin', und grad schön is gangen!«

»Vier Merkure auf amal!« Das fand die Mutter wunderbar. Und dann erzählte sie, daß vor etlichen Jahren der Gott Apollo auf einem Pappendeckelpferd dahergekommen und ein andermal Poseidon, der Meeresgott, auf einem Fisch geritten sei.

»Da hat sich plötzlich das ganze Bühnenbild verwandelt! Den Wald haben sie umdreht, und gleichzeitig ist eine griechische Landschaft zutag kommen. Der ganze Boden ist zurückgegangen und das Meer heraufg'stiegen mit blauen Wellen. Ui Jegerl – das war schon eine aufregende G'schicht, aber das mit dem Merkur vom Himmel runter ist g'wiß auch net schlecht«, meinte die Mutter, und sie verstand doch etwas davon.

Aber trotzdem, trotz alledem – was in Salzburg los war und wo Wolfgang überall mitmachen durfte –, irgend etwas entbehrte er hier. Waren die grauen Mauern der bischöflichen Burg doch zu hoch – die Gassen zu eng – die Menschen zu kleinstädtisch? Manchmal war es dem Buben, als müßte er hinauslaufen über die Brücke der Salzach und immer weiter, bis er eine andere, frischere Luft spürte – dann stehenbleiben und ein paarmal ganz tief schnaufen, daß es in den Adern rieselt, wie wenn man klares Quellwasser trinkt – dann müßte der ganze Körper, der Kopf und Arme und Beine voll Musik sein und überquellen von neuen Gedanken.

»Warum war's in Mannheim so anders?« fragte er den Vater. »Da ist doch auch ein Hof und Hofmusikanten, und alle arbeiten für ihren Fürsten, aber so schön, wie's dort damals in Schwetzingen war – so war's bislang nirgends mehr –, i weiß net warum...«

Aber der Vater wußte es auch nicht – der spürte den Unterschied kaum und fühlte sich in Salzburg vollkommen wohl. So viel wußte er aber doch: daß es nichts für seinen talentvollen Sohn wäre, hier festzusitzen. Nun hatte der Bub bei Mutters guter Kost wieder ein bissel rötere Backen gekriegt und sich von seinen schweren Krankheiten erholt – man konnte also getrost wieder an eine neue Reise denken.

Der junge König Ferdinand von Neapel sollte in Wien Hochzeit feiern mit Erzherzogin Maria Josepha, einer Tochter Maria Theresias.

»Da müssen wir hin! Das ist eine Gelegenheit wie noch nie«, erklärte der Vater, und was blieb der Mutter anders übrig, als wieder Kisten und Kasten zu packen? Sicher taten neue Anregungen dem Buben auch wieder gut.

Aber kaum waren sie in Wien angekommen, da kamen düstere Botschaften von einer Blatternseuche. Es war nicht lange geheimzuhalten, daß diese unheimliche Krankheit in Wien um sich griff.

»Herr Kapellmeister, lassen Sie Ihre Kinder gegen die Blattern impfen, es ist eine Seuche in Wien!« warnte ein Freund.

»Nein, ums Himmels willen, diese neue Mode ist ja ekelhaft!« entsetzte sich der Vater, aber der andere versuchte ihn zu beruhigen:

»Wieso denn – es machen's jetzt so viele, und man soll wirklich die Krankheit weit weniger schlimm bekommen.« Die Antwort war kurz und bündig:

»Ich will es nicht und basta! Ich überlasse die Gesundheit meiner Kinder der Gnade Gottes.«

»Wie Sie meinen, Herr Kapellmeister! Aber wissen Sie, daß heute die Prinzessin Braut an den Blattern gestorben ist?«

»Nein! – Aber das ändert unsere Pläne natürlich von Grund auf. Ich werd' mit den Kindern nach Mähren fahren, bis die Krankheit und die Trauer vorüber ist«, sagte der Vater, und war wirklich sofort entschlossen, abzureisen. Da aber der Kaiser anscheinend trotzdem Mozarts Besuch erwartete, blieben sie noch etliche Tage. Die Todesfälle mehrten sich unterdessen. Als man aber den Bescheid erhielt, Erzherzogin Elisabeth sei nun auch unpäßlich, da wurde das Warten auf eine Einladung zum Hofe zu gefährlich und Mozarts flüchteten nach Olmütz.

Aber abends schon klagte Wolfgang: »Mir tun die Augen so weh!«

»Ja, Bub, du hast ja ganz heiße Backen und eiskalte Händ'!« rief die Mutter entsetzt. »Komm, kriegst gleich a bissel Schwarzpulver, und dann nix wie ins Bett!«

Die Nacht war unruhig. Wolfgang wälzte sich ächzend in den Kissen.

»Wenn's nur net schon die Blattern sind, dann kriegt sie's Nannerl auch noch!« seufzten die Eltern.

Am zweiten Abend wurde es noch schlimmer. Der Bub wußte nichts mehr von sich. Er phantasierte, schrie oft im Schlaf noch auf, fror und schwitzte durcheinander, es war zum Erbarmen mit ihm!

Der Domdekan von Olmütz hörte von dem Unglück und war so aufopfernd, die ganze Familie in sein Haus einzuladen, damit man das Kind besser pflegen könne. In Pelze gepackt trug man Wolfgang in den Wagen.

Es waren wirklich die Blattern und der Bub ganz entstellt im Gesicht und fürchterlich geschwollen!

Acht Tage lang lag er völlig blind. Und dann wurde Nannerl auch blatternkrank. Die Eltern waren ganz verzweifelt vor Sorgen! Aber wie durch ein Wunder wurden beide wieder gesund und hatten nicht einmal Narben zurückbehalten.

Wolfgang mußte noch sehr seine Augen schonen. Er lernte zum Zeitvertreib fechten und hatte großen Spaß an den Kartenkunststückerln, die ihm ein freundlicher Kaplan zeigte. So erholte er sich langsam, und auch Nannerl war bald wieder lustig.

Am *23. Dezember 1768* konnten Mozarts bereits wieder nach Wien reisen. »Es kann viel für dein ganzes Leben davon abhängen«, sagte der Vater zu Wolfgang. »Ich erhoffe mir bei Hof großen Erfolg.«

Man war dort auch sehr herzlich und gütig mit den Kindern. Die Kaiserin streichelte ihnen die blassen Backen, und ihr Sohn unterhielt sich leutselig über dies und jenes mit Vater Leopold, aber es war nicht mehr das alte fröhliche Leben, seit ihr Gemahl

tot war, ihre kleine Tochter an den Blattern sterben mußte und ihr Sohn Joseph II. Regent wurde. Maria Theresia vermied Theaterbesuche, Musik und Gesellschaft. Der junge Kaiser war für Sparsamkeit. Der Siebenjährige Krieg hatte dem Staat viel Geld gekostet. Nun verpachtete man das Hoftheater, und da der Lebensstil des Hofes für den ganzen Adel maßgebend sein mußte, so paßten sich die kleineren Fürstenhäuser an und sparten auch. Joseph ging in Einfachheit und Bescheidenheit allen mit gutem Beispiel voran.

Wolfgang Mozart war inzwischen kein Wunderkind mehr. Er war streng kritischen und auch neidischen Zuhörern ausgesetzt.

Kaiser Joseph, der sich um alles persönlich kümmerte, wollte helfen und gab ihm den Auftrag, eine Oper zu schreiben.

Und der Zwölfjährige saß erst mit ›La Finta semplice‹ da, wie wenn er mit seinen schwachen Knabenkräften einen Riesenstapel Holz zu hacken bekommen hätte. Hundert Dukaten sollte er dafür erhalten. Hundert Dukaten! Und solche Ehre!

Aber wie? Wie sollte er diese Arbeit anpacken?

Nun ging der Vater mit ihm in jede Oper, die geboten wurde. Und es standen sich gerade in dieser Zeit in Wien zwei Größen gegenüber, die wie die Könige verschiedener Welten um die Musik miteinander kämpften:

Nikolo *Piccini*, der die prächtige italienische Oper der Barockzeit schrieb, gegen den modernen Deutschen, Christoph Willibald *von Gluck*. Dazwischen stand Joh. Adolf *Hasse* als großer Komponist, und Wolfgang lernte viel von allen dreien. Er schaute von ihnen das ab, was er in seinem Alter einfach noch gar nicht begreifen konnte, und setzte sich nun mit vielen eigenen Einfällen ans Komponieren.

In erstaunlich kurzer Zeit brachte er den I. Akt fertig und mit des Vaters Hilfe auch das ganze leidige Stück, an dem sie bald mehr Ärger als Freude haben sollten.

»Die Musik ist ja keinen blauen Teufel wert«, schimpften die einen, obwohl der gefeierte Hasse und auch der Operndichter Metastasio sich offen für Wolfgangs Arbeit einsetzten.

»Ja«, meinten die andern, »gut ist die Musik wohl, aber sie kann doch unmöglich von einem Zwölfjährigen sein – das ist des Vaters Arbeit und ein unerhörter Schwindel!« Da mochte Leopold Mozart nun für seinen großen, kleinen Sohn kämpfen, wie er wollte, er kam einfach gegen die Hetze nicht an, die gegen ihn einsetzte, und selbst des Kaisers höchste Gnade war nutzlos.

»Die Arien kann kein Mensch singen!« sagten die Sänger, und das Orchester erklärte:

»Niemals werden wir uns von einem Schulbuben dirigieren lassen!«

Daß dieser Schulbub aber dirigieren konnte – das durfte er bald darauf in Gegenwart des Hofes beweisen, als eine kleine Festmesse von ihm in der neuen Waisenhauskirche aufgeführt wurde.

Ja, da strahlte er wie ein Sieger und vergaß allen Kummer und alle Kränkung!

Dann hatte der befreundete Arzt Dr. Anton Meßmer ihn gebeten, für sein kleines Gartentheaterchen eine Musik zu schreiben.

»Es ist für das Schäferspiel ›Bastien und Bastienne‹ und macht dir sicher mehr Freud' als die Oper!« versicherte der verständnisvolle Mann. »Denk' einmal, wie lustig das werden kann – noch nie sind echte Bauernkostüme auf einer Bühne vorgekommen. Wir woll'n doch mal schau'n, ob so was net Erfolg hat! Magst, Wolferl?«

Und ob er mochte! Zwar hatte er in seiner Oper ›Finta semplice‹ wohl den Charakter des italienischen Stücks getroffen, aber ein deutsches Singspiel – das lag ihm doch mehr am Herzen. Und Wolfgang schrieb mit ›Bastien und Bastienne‹ ein kleines Werk, das wir heute noch mit Entzücken hören!

Aus einer Anstellung am Wiener Hof wurde aber trotzdem nichts. Vater Leopold hätte Wolfgang das gern verschafft, so schwer ihm auch die Trennung gefallen wäre.

Nach sechzehn Monaten folgte wieder eine ruhige Arbeitszeit daheim.

»Ach, schön war's in Wien«, schwärmte Wolferl der Mutter vor, »und i glaub fast, daß i allerhand g'lernt hab.«

Aber der Vater warnte: »Jetzt mußt bloß schau'n, daß d' deine eigene Musik noch 'rausfindest aus all der fremden!«

Aber da brauchte er keine Sorge zu haben. Die eigene Musik war in seinem Sohn so stark, daß sie immer wieder klar herausströmte. Das zeigte sich bald in den großen und kleinen Messen, die Wolfgang nun in salzburgischen Kirchendiensten schrieb.

Wolfgangs Sinfonien erklangen in den eleganten Sälen der adeligen Gesellschaft Salzburgs, und seine Serenaden machten die Hauskonzerte der Bürgerhäuser wertvoll und behaglich.

Anfang der Ouvertüre

Seine Musik ging jedem zu Herzen! Es gab niemand, den er nicht beim Spielen zwang, alle seine Gefühle mitzuerleben. Man mußte lachen und weinen mit ihm – man wurde nachdenklich, ängstlich, zärtlich, zuversichtlich, mutig, wütend oder scherzhaft – grad wie er's wollte.

Der kleine, blasse Bursche war über sich selbst hinausgewachsen! Wie konnte es sein, daß in seinem schmächtigen Körper so viel Kraft saß? Raubte er sich nicht selber aus, wenn er Arbeiten schaffte und Gedanken hatte, die einem starken, reifen Manne Ehre gemacht hätten? Man hätte denken können, er lebe sein eigenes Leben um Jahre voraus, wenn er nicht in seinem Wesen ein so lieber, harmloser und übermütiger Kindskopf geblieben wäre.

Nun ließ auch sein Schutzherr, der Fürsterzbischof Sigismund, trotz des weltlichen Themas die vielumstrittene ›Finta semplice‹ an seinem Hoftheater aufführen, um Wolfgangs Ehre auch hierin zu retten, und ernannte den noch nicht Vierzehnjährigen zum »unbesoldeten salzburgischen Hofkonzertmeister«.

Zum rauchenden Vesuvius

»Wörgl, 14. Dez. 1769.

Allerliebste mama!

Mein Herz ist völlig entzücket aus lauter Vergnügen, weil mir auf dieser reise so lustig ist, weil es so warm ist im wagen und weil der Gutscher ein galanter Kerl ist, der, wenn es der Weg ein bißchen zuläßt, gar geschwind fahrt.

Die reisebeschreibung wird mein papa der mama schon erklärt haben. Die ursache, daß ich der mama geschrieben ist: zu zeigen, daß ich meine schuldigkeit weis, mit der ich bin in tiefstem Respekt
Ihr getreuer Sohn
Wolfgang Mozart.«

Diesmal war Mutter mit Nannerl daheimgeblieben, während der Bruder mit dem Vater zum erstenmal nach Italien fuhr. Das war es, was jeder werdende Künstler zum Aufstieg brauchte – Anerkennung und Anregung in Italien! Es bedeutete damals Pech genug, wenn man kein Italiener oder Franzose war. Bei Wolfgangs

Musik bestand die Gefahr, daß sie zu deutsch wurde, er hatte bedenkliche Neigungen, Eigenes zu schaffen, ohne den Geschmack der Zeit zu berücksichtigen – damit war kein Geschäft zu machen. Er sollte in Italien sehen, hören, lernen und seine Kunst zeigen, bis er dort gefeiert wurde – dann erst würde man seinem Genie auch in Deutschland glauben.

Freunde und Musikverständige bereiteten ihm den Weg. Vater Leopold war stolz über die Neugier, mit der man den jungen Mozart hier erwartete. Wolfgang aber spottete über sich selbst: »Jetzt hört der teutsche Tölpel auf und fängt das wälsche Tölperl an«, doch sah er ein, daß es wichtig für sein Leben war, was jetzt das Welschland über ihn sagte.

Hallo! Da war in Rovereto ein Volksgedränge, als er auf der Orgel der Hauptkirche spielen wollte! Es mußten etliche starke Kerle vorangehen und Platz schaffen, daß Vater und Sohn überhaupt durchkamen. Ganz Rovereto war dabei, und Wolfgang spielte wie noch nie in seinem Leben! Der Bischof von Verona konnte sich im Loben gar nicht genug tun – in San Tomasa, wo Wolfgang auf zwei Orgeln spielte, ging es ebenso wie in Rovereto. Der Anfang war gut! Sie schrieben selige Briefe nach Salzburg, und Wolferl meinte zum Vater: »Wenn das so weitergeht ... es ist doch zu schad, daß Mama und Nannerl net dabei sind!«

Wenn es bloß nicht so kalt wäre! Wolfgang fror wie ein Schneider und hatte oft zu kalte Finger zum Spielen.

In Deutschland gab's wenigstens warme Öfen im Winter und dicke, mollige Betten, aber hier – hier tat man einfach, als ob's gar keine Kälte gebe. Die Böden waren meist aus Stein, die Kamine machten einen bloß von einer Seite warm, und die Betten waren oben und unten dünn. Dabei war es in Mailand und Mantua jetzt nicht viel weniger kalt als daheim in Salzburg.

Aber da kriegten Mozarts zum Glück eine herrliche Wohnung im Kloster der Augustiner von San Marco.

»Vater, Vater, kommen S' schnell – hier gibt's eing'wärmte Betten!« rief Wolferl glücklich und war froh, daß sie hier längere Zeit bleiben durften.

Karneval war überall! Ein übermütiges, geheimnisvolles, närrisches Leben auf der Straße und in allen Häusern. Vater und Sohn machten mit wie zwei Freunde. Sie hatten sich auch Kostüme besorgt – schwarze Spitzenumhänge mit angeschnittener Kapuze – als Visier trugen beide weiße Vogelmasken. Man konnte sie wirklich nur an der Stimme erkennen. Ein Salzburger Graf machte sich das Vergnügen, die beiden überall einzuführen. Die Maskierung verschaffte Zutritt zu den vornehmsten Festen – jedes Haus stand ihnen offen. Sie lernten die interessantesten Menschen kennen.

»Dieser Vermummte – ist er's wirklich?«

»Jawohl, Piccini – Nikolo Piccini, unser größter Komponist zur Zeit! Sie hörten in Wien doch sicher auch recht viel von ihm. Wie steht sein Kampf gegen euren großen Gluck? Übrigens – sehen Sie dort? Das ist der alte Sammartini – bei dem Gluck in die Schule ging!«

Wo sich Mozarts zu erkennen gaben, wurden sie freudig begrüßt. Einladungen auf Einladungen folgten. Wolfgang musizierte und ließ sich gerne hören, wo er Verständnis spürte.

Eines Tages spielte Wolfgang bei einem Hauskonzert im Palazzo des Herzogs Ferdinand von Modena, und man fragte erstaunt: »Wie kann solch ein junger Künstler schon derartige Begabung für ernste dramatische Musik haben?« Der Herzog – ein Sohn Maria Theresias – fragte den jungen Mozart:

»Hätte Er Lust, für die Mailänder Karnevalszeit 1771 eine Oper zu schreiben?«

»Wenn Euer Durchlaucht mich fragt – da tät ich am liebsten gleich heute anfangen! Wer sollen die Darsteller sein?«

»Nur die besten Kräfte – Er wird zufrieden sein, Mozart«, versicherte der Fürst. »Hier ist der Musikdirektor, besprech Er doch das Weitere gleich mit ihm.« Über die Arbeit war man sich bald einig.

»Und das Honorar?«

»Sagen wir 100 Gigliatti – und freies Quartier – ist das recht?« fragte der Direktor. Das war damals so viel, wie jetzt etwa 1000 Mark sind.

»Abgemacht! Aber wir möchten unsere Reise gern in Ruhe beenden«, sagte Vater Leopold.

»Das können Sie gut – es hat Zeit bis November.«

Wolfgang war glücklich, einen so schönen Auftrag zu haben. Der Himmel schien gleich noch mal so blau zu sein! Es wurde Frühling draußen – berauschender, südländischer Frühling mit all seinem überschwenglichen Blühen und Duften.

War das gestern auch schon so? Vielleicht hatte Wolfgang es bloß nicht gesehen. Heut steckte er sich einen knallgelben Mimosenzweig ins Knopfloch und pfiff den ganzen Tag vor sich hin. Die Fahrt ging weiter nach Bologna.

Es rumpelte die Kutsche auf staubiger Straße – die Sonne brannte unerbittlich, aber Wolfgang merkte nichts davon. Er freute sich über die lieben, grauen Eselchen, die ihre buntbemalten Zweiräderkarren zogen, und kraulte sie zärtlich hinter den vergnügten Wackelohren, wenn der Postillion Mittagspause machte.

»Eselchen, Eselchen«, sagte er liebevoll, »gell – das Leben ist doch schön?«

»Viel Arbeit, meinst du, und wenig Verständnis?«

»Ach, weißt Eselchen – da geht's uns beiden gleich. Aber wenn wir keine Lust mehr haben, dann machen wir die Vorderhaxen steif und schlagen mit den Hinterhaxen unvermutet aus, daß es die anderen nur so auflupft vor Schreck, und bis sie dann aufg'standen sind, da stehn wir wieder da wie zuvor und wackeln freundlich mit den Ohren.«

Für Bologna hatten Mozarts eine Empfehlung an den großen Musikgelehrten *Padre Martini*. Etwas befangen trat der junge

Wolfgang vor den greisen Mann, dessen Ruhm weit über die Grenzen Italiens ging. Er sprach mit ihm respektvoll und zurückhaltend – er spielte ihm vor – phantasierte auf Geige und Klavier in seiner überströmend herzenswarmen und temperamentvollen Art und gewann sich in dem alten, ernsten Gelehrten einen aufrichtigen Freund und Schutzgeist fürs ganze Leben.

Wahrhaftig, Martini war voll ehrlicher Bewunderung für den kleinen deutschen Musiker, und das wollte schon etwas heißen!

Am 2. April ließ sich Wolfgang am Hof des Großherzogs von Toskana hören. Er war ein Habsburger und erinnerte sich noch

gut daran, wie Wolfgang als Kind am Wiener Hof gespielt hatte:

»Ja, damals, als Er hinfiel und meine kleine Schwester Antoinette Ihm aufstehen half, da machte Er ihr einen richtigen Heiratsantrag ... jetzt wird sie einst Königin von Frankreich werden. Man hat sie dem jungen Dauphin anverlobt. Beide sind noch Kinder ...«

»Wir sind beinahe gleichaltrig«, lächelte Wolfgang bescheiden.

Da meinte Herzog Leopold:

»Ja, aber Er – Mozart – ist in seiner Kunst schon ein Meister und kann mehr, als mancher mit vierzig Jahren!«

»Euer Gnaden ist liebenswürdig! Aber ich muß noch viel lernen!«

»Alsdann lern' Er weiter! Ich habe übrigens eine Überraschung für Ihn – es sind zwei Gäste bei mir, die wiederzusehen Ihm sicher Freude macht ...«

Es war der Geiger Pietro Nardini, dessen Spiel Wolfgang in Schwetzingen bezaubert hatte, und der Sänger Manzuoli aus London!

Ob er in Wolfgangs Oper singen würde? Man hoffte es – machte Pläne. Man schwelgte in Musik!

Aber mittendrin sagte Wolfgang manchmal: »Wissen S', Papa – manchmal hängt's mir meilenweit zum Hals naus: alleweil die durchlauchtigten Fürsten – die Maestros im Gesang und sonst was und alle G'scheitheit und Fürnehmheit übereinander – manchmal möcht i endlich wieder a richtige Viecherei machen! Wenn nur wenigstens das Nannerl dabei wäre!«

Da kam die Freundschaft mit dem gleichaltrigen Thomas Linley aus England wie ein Sonnenstrahl mitten in alle ernste Arbeit. Er war ein gefeierter Schüler Nardinis und verstand sich vom ersten Augenblick an gut mit Wolfgang.

Sie musizierten zusammen, lachten und spielten wie richtige

Buben und spürten auf einmal wieder glücklich, wie maßlos jung sie waren. Der Ernst ihrer frühen künstlerischen Reife fiel wie eine Maske herunter.

»Kannst du fechten?« fragte der eine.

»Ja, fein – du auch?« und bald darauf hörte man im Garten ihre Degen klirren – ach, herrlich war das! Und abends in der Loggia sah Thomas staunend zu, wie der junge Deutsche mit einem Kartenspiel hexen konnte. Immer hatten sie Spaß zusammen und

wurden richtige Kameraden. Auch der lange, blasse Engländer war trotz seiner vollendeten Kunst ein verspieltes Kind geblieben, darum paßten die beiden so gut zusammen. Zum Abschied weinten sie still in sich hinein und schworen, sich später gegenseitig zu besuchen.

»Das ist wirklich zu schade, daß wir Thomas nicht mit uns nehmen können! So einen Freund möcht' ich daheim in Salzburg haben. Es ist das erstemal, daß ich einen Buben gefunden hab', der zu mir paßt!« jammerte Wolfgang.

Nun war es Ostern – eigentlich die schönste Zeit in Italien, aber Mozarts hatten kein Glück. Bei ganz abscheulichem Wetter kamen sie in Rom an und flüchteten gleich vor dem ersten Platzregen in die Peterskirche.

In der Sixtinischen Kapelle hörte Wolfgang das berühmte Miserere von Gregorio Allegri aus dem 17. Jahrhundert, das bei strenger Strafe niemals abgeschrieben werden durfte.

»Ich möcht' doch schau'n, ob man es nicht einfach nach dem Gehör abschreiben kann«, meinte Wolfgang, »das muß ich versuchen!«

Tatsächlich machte er sich ein Vergnügen daraus, die ganze schwierige Musik frei aufzuschreiben, und als man es bei der nächsten Gelegenheit nachprüfte – da stimmte wahrhaftig alles, bis auf einige unbedeutende Kleinigkeiten.

So etwas konnte den Buben unbändig freuen, wenn er einmal wieder einen solchen Streich gespielt hatte.

Nun war er aber sehr gespannt auf die berüchtigte Straße von Capua nach Neapel!

»Papa – ob's da wirklich echte Räuberbanden gibt? Passen S' auf, wenn wir überfallen werden, dann nehm' ich meine Geigen und spiel so rührend, daß sie vor lauter Tränen nix mehr sehn – die Räuber, und dann fahren wir g'schwind weiter.«

Aber daraus wurde nichts, denn es waren wohl grad zufällig keine Räuber vorhanden, und Mozarts kamen unbehelligt in Neapel an.

Vater Leopold hatte keinen rechten Sinn für die Schönheiten einer Landschaft, und so lehrte er auch den Sohn nicht, darauf zu achten. Wolfgang schrieb und erzählte auch selten etwas von Natureindrücken, bei ihm wurde alles, was er sah und erlebte, sofort Musik.

Der Vater schleppte auf der ganzen Reise einen gedruckten Führer mit, der so dick war wie eine Bibel, und wonach alle Sehenswürdigkeiten genau besichtigt wurden. Neapel aber bezauberte Wolfgang mit seiner Lage so, daß er sofort einen lustigen Kauderwelschbrief in Salzburgisch und Italienisch an seine Schwester schrieb:

»Neapel, den 5. Juny 1770.
C. S. M.

Heut raucht der Vesuvius stark. Potz Blitz und ka nemt aini! Haid homa fresa beym Herr Doll. Dos is a deutscha Compositär und a brava Mo ... (italienisch) ... Redma dafür soisburgerisch, don as is gschaida. Wir sand Gottlob gsund, da Voda und i. Ich hoffe, Du wirst Dich auch wohl befinden, wie auch die Mama.

Neapel und Rom sind zwey Schlafstädte. A scheni Schrift! Net wohr? Schreibe mir und sey nicht so faul.

Altrimente avrede qualche bastonate die me. Quel plaisir! Je te casserai la tête. Ich freue mich schon auf das Portraite, und i bi korios, wias da gleich sieht; wons ma gfoin so los i mi un den Vodan a so macha. Mädli, las da saga, wo bist dan gwesa, he?

Die Oper hier ist von Jomelli; sie ist schön, aber zu gescheut und zu altväterisch fürs Theater. Die De Amicis singt unvergleichlich, wie auch der Aprile, welcher zu Mailand gesungen hat. Die Tänze sind miserabel pompös. Das Theater

ist schön. Der König ist grob neapolitanisch aufgezogen und steht in der Oper allezeit auf einem Schemerl, damit er ein bissel größer als die Königin scheint. Die Königin ist schön und höflich, indem sie mich gewiß sechs mal im Molo (das ist eine Spazierfahrt) auf das Freundlichste begrüßt hat.
N.S. Meinen Handkuß an die Mama!«

Die freundliche kleine Königin ließ es bei ihrer Liebenswürdigkeit bewenden. Sie lächelte wohl, wenn sie daran dachte, daß sie mit dem jungen Musikus als Kind einst Federball gespielt hatte im Garten von Schönbrunn. Sie mochte ihn gern, aber sie hatte keine Zeit, und ihr jugendlicher Gemahl ließ sich nur für Jagdgeschichten begeistern. Es kamen nur leere Komplimente vom Hof. Wolfgang wurde hier nur als Wunderkind, aber nicht als ernster Künstler geachtet.

Bei einem Konzert in Neapel war ein solches Geflüster und Geraune im Saal, daß Wolfgang überhaupt nicht spielen konnte und empört aufsprang: »Zum Kuckuck!...« Aber da trat jemand auf ihn zu und bedeutete ihm, daß man ihn für einen guten Gaukler hielte:

»Der Ring – junger Meister! Der Ring an Ihrer Hand! Man glaubt, daß er die Zauberkraft besitzt, mit der Sie spielen...«

»Ich kann ihn gern heruntertun, wenn Ihr meint«, lachte Wolfgang.

»Ja, bitte, tun Sie es doch, damit die Leute sehen, daß es wirklich nicht an dem Ring liegt.«

Erst jetzt legte sich das Geflüster im Saal, und man glaubte ihm seine Kunst.

Am 25. Juni verließen Mozarts die Stadt des Aberglaubens und »des rauchenden Vesuvius« mit der Extrapost und langten nach siebenundzwanzigstündiger, ununterbrochener Fahrt wieder in Rom an.

Siebenundzwanzig Stunden – das war keine Kleinigkeit! Und obendrein tat der Wagen plötzlich einen Hopser, legte sich schief auf die Seite, so daß der arme Vater mit Wucht gegen die andre Bank geschleudert wurde und vor Schmerz laut aufschrie.

»Was ist Ihnen, Papa?« fragte Wolfgang besorgt und half ihm auf.

»Das Schienbein – auweh! So eine dumme G'schicht! Jetzt muß ich noch als hinkerter Impresario weiterreisen.«

»Ich werd' Sie stützen!« tröstete Wolfgang. Aber als sie ankamen, war er so müde, daß er auf den nächsten besten Sessel sank und einschlief.

Sein kleines, bleiches Kindergesicht hatte etwas so rührend Hilfloses im Schlaf, daß der Vater sich trotz der Schmerzen, die er an seinem Bein hatte, nicht getraute, ihn aufzuwecken.

Wie eine zärtliche Mutter zog Leopold Mozart seinen Buben nun aus, hängte die Kleider ordentlich in den Schrank und trug ihn vorsichtig ins Bett.

»Morgen ruh'n wir uns aber tüchtig aus«, flüsterte der Vater. Er tat alles, dem Buben die Häuslichkeit und die Mutter zu ersetzen, und achtete streng darauf, daß bei all dem Vielerlei solcher Reisen immer Zeit und Ruhe zur Entspannung und zu ernstem Studium blieb. Keine Mühe war ihm zuviel. Alles, was Wolfgang fördern konnte, sollte er auch sehen und kennenlernen. In kurzer Zeit sprach Wolfgang ebenso gut italienisch wie deutsch und französisch – er lernte ja alles spielend und bewegte sich in der vornehmsten Gesellschaft mit der Sicherheit eines großen Mannes, ohne im geringsten eingebildet oder altklug zu sein.

Eines Tages aber geschah etwas ganz Ungewöhnliches! Am 8. Juli 1770 empfing der Papst den jungen Musiker Mozart und verlieh ihm, wie zuvor Orlando di Lasso und Gluck, den Orden vom goldenen Sporn. Das bedeutete, daß er sich von nun an »Ritter Wolfgang von Mozart« nennen durfte. Der Vater wußte sich vor Glück und Stolz kaum zu fassen, aber Wolfgang lachte und meinte: »Diesen Adel und Rittertitel legen wir samt dem blanken Orden zu den übrigen Reiseandenken in den Koffer.«

Drei Monate lebten Mozarts jetzt in Bologna. Des Vaters Fuß verlangte Ruhe und Pflege, und es war auch leicht auszuhalten in Bologna, wo Mozarts außerhalb der Stadt in der Villa des Grafen Pallavicini eingeladen waren.

Es gab eine lustige Zeit – man wollte sich totlachen über Wolfgangs Stimmbruch!

»Jetzt bin ich aber wirklich kei' Wunderkind mehr, jetzt werd' ich a Mannsbild!« meinte er treuherzig.

Padre Martini, sein väterlicher Freund, tat für ihn, was er konnte. Unendlich viel lernte Wolfgang von ihm. Spielend begriff er nun die alte Weisheit vom Kontrapunkt, die ihm beim Unterricht des Vaters allzu nüchtern und langweilig vorgekommen war. Und nun schlug Martini den jungen Mozart als Mitglied in die Bologneser »Academia Filarmonica« vor. Er mußte sich einer strengen Prüfung und Klausurarbeit unterziehen.

Eigentlich wurden ja Mitglieder unter zwanzig Jahren nicht aufgenommen, und Wolfgang war erst vierzehn Jahre alt!

Feierlich überreichte man ihm im Beisein sämtlicher Mitglieder und Zensoren seine Aufgabe. Eine Antiphona war im versperrten Nebenzimmer vierstimmig zu setzen. Den Vater sperrte man auf der andern Seite des Saales gewissenhaft ein. Es herrschte allgemeine Spannung, aber bereits nach einer halben Stunde war Wolfgang fertig, und selbst die strengste Zensur mußte ihm die Aufnahme in die Akademie bewilligen.

Das war schon eine große Freude, und Wolfgang arbeitete nun mit Feuereifer an seinem Mailänder Auftrag, der Oper ›Mitridate‹, die sein erster, großer Theatererfolg wurde.

Hier in Mailand kam er endlich etwas zur Ruhe und Entspannung. Man besuchte eine Landsmännin, das Troger Mariandl, und sie fragte den reise- und italienmüden Wolfgang:

»No, was soll i dir jetzt kochen?«

Da hatte er nur einen großen Herzenswunsch des Magens: »Leberknödln mit Sauerkraut!« Und er bekam sie auch!

Ernste Arbeit

Es waren noch bunte Faschingstage in Venedig mit großen Redouten in prächtigen Maskenkostümen. Oft wurden Vater und Sohn mit geschmückten Gondeln abgeholt und wußten gar nicht von wem – es gab ein lustiges Raten und Verwechseln. Bald waren sie so viel Gondola gefahren, daß nachts das Bett schaukelte und sie immer noch meinten, auf dem Wasser zu sein.

Mit dem Komponieren ging es herrlich weiter. Die Arbeit machte Wolfgang gerade soviel Freude wie das Festefeiern, und da sich Vater und Sohn nach der langen Reise zum Heimfahren vorbereiteten, war es wunderbar, daß sie aus Mailand einen zweiten Auftrag mit auf den Weg bekamen.

Auch für Padua sollte Wolfgang eine Musik schreiben. Der Riesenerfolg seiner Oper ›Mitridate‹ hatte sich rasch in Italien herumgesprochen, und seine Arbeiten wurden nun auch entsprechend bezahlt.

So hatte sich die Reise wirklich gelohnt, und in bester Laune kamen Mozarts am 28. März 1771 wieder bei Mutter und Schwester an.

»Bin scho recht froh, daß ihr zwei wieder da seid!« meinte die Mozartin und strahlte übers ganze Gesicht. »Wartet's nur, i werd euch Italienfahrer scho wieder rausfüttern – da wird jetzt kocht, was aus der Küch' rausgeht, und Gnad Gott dem, der früher vom Tisch aufsteht, als bis ihn der Gürtel zwickt!«

»No – schau'n mir vielleicht gar so derhungert aus?« fragten die beiden beleidigt.

»Hm! No – es tut's. Des weiß man ja, wie des geht – so zwei Mannerleut allein und alleweil nix wie Arbeiten und Umanandsausen...«, war die Antwort. »Der Bischof wartet übrigens scho' lang auf euch. Der hat eine Engelsgeduld mit euch Ausreißer!«

»Ja, der ist wirklich nachsichtig, aber jetzt wirst halt gleich allerhand für ihn schaffen müssen, Wolferl, daß er den guten Willen sieht«, sagte der Vater, und schon war man in der dicksten Arbeit drin.

Wolfgang schrieb und schrieb und schrieb! Dabei war er immer noch derselbe »schlimme«, ausgelassene Bub, der alle Leute aufzwickte und manchmal von Übermut nicht wußte, was er alles anstellen sollte.

»Wennst wenigstens net alleweil zappeln tätst mit sämtliche Händ und Füß – da schlagt's beste Essen net an!« jammerte die besorgte Mutter, und wenn er immer und immer wieder nachts am Klavier saß und nicht aufhören konnte, dann stand sie auf und legte ihm die Hände auf die Schultern: »Vergißt ja noch ganz aufs Schlafen, Bub! Alleweil bei der Nacht schaffen – da wirst noch hin dabei. Das halberte Jahr auf der Walz, und wennst dann endlich mal daheim bist – dann machst dich mit G'walt hin – komm, jetzt schaust, daß d' ins Bett gehst, sonst hau ich den ganzen Malefizklimperkasten noch zum Teufel!«

Es war ihr wahrhaftig nicht recht, daß der Vater schon wieder an die nächste Italienreise dachte, aber er meinte:

»Was hilft's? Wir haben den Weg beschritten, nun müssen wir ihn auch zu Ende gehen. Wolfgang fängt an, eine Berühmtheit der Welt zu werden. Ich muß sehen, ihm zeitig eine passende, würdige Anstellung zu verschaffen. Salzburg ist zu eng für meinen Sohn!«

Und am 24. August 1771 schrieb Wolfgang aus Mailand an seine Schwester:

>»Wir haben auf der Reise viele hiz ausgestanden und der staub hat uns beständig impertinent seckiert, daß wir gewiß erstickt und verschmachtet wären, wen wir nicht gescheider gewesen wären.«

Was sie auf der vorigen Fahrt gefroren hatten, das mußten sie jetzt schwitzen, und das war zum Arbeiten fast noch schlimmer, denn man wurde ja so unsagbar müde davon. Müde, müde! Wolfgang war es manchmal, als müßte er in der Mitte auseinanderbrechen vor lauter Müdigkeit. Aber er schrieb, bis ihn die Finger schmerzten. Er konnte einfach nicht anders. Er hätte nicht leben können ohne Schaffen, und er sagte siegesgewiß:

»Jetzt werd' ich's aber dene Mailänder amal weisen, was ich kann! Und wenn diesmal mein großer Freund Manzuoli die Hauptrolle singt, dann kann's auch net fehlen!«

Und ›Ascanio in Alba‹ wurde wirklich ein großer Erfolg!

Für Mailänder Festabende komponierte Wolfgang Konzerte und Sinfonien und gewann sich die ganze Liebe des herzoglichen Paares.

Erzherzog Ferdinand zeigte sich sehr geneigt, den gefeierten jungen Künstler an seinem Hof zu behalten; aber seine Mutter, Maria Theresia in Wien, riet ihm davon ab. Ihr war das Wesen unsympathisch, das Vater Leopold mit seinen Wunderkindern machte. Seine geschäftsmäßige Art, mit dem Talent des Sohnes umzugehen, die Weise, mit der er ihn an allen großen Höfen ohne

Unterschied anzupreisen wußte, war ihrem geraden Charakter zuwider.

Wieder in Salzburg angekommen, traf Familie Mozart ein schwerer Schlag! Erzbischof Sigismund von Schrattenbach, der ihnen ein allzeit gütiger und verständnisvoller Brotherr gewesen war, verschied nach längerer Krankheit.

Sein Nachfolger konnte für Mozarts nur ungünstig sein. Es war Hieronymus, Graf von Colloredo, der den Salzburgern mit modernem Geist ihren alten Schlendrian austreiben wollte.

»Diesen herumreisenden Kapellmeister Mozart mit seinen Wunderkindern werd' ich mir als ersten vornehmen!« sagte der neue Bischof.

»Ich werde Mozarts Können an meinem Hof zu fesseln wissen. Was nützen mich Künstler, von denen die ganze Welt spricht, wenn ich sie bezahlen muß? Sie können beide tatsächlich etwas, aber sie sollen für mich arbeiten und nicht für andere!« setzte er energisch hinzu.

Wolfgang komponierte zum feierlichen Einzug des Bischofs in Salzburg eine dramatische Serenade, die im Residenztheater aufgeführt wurde. Es folgten acht Sinfonien, Divertimenti, Kirchensonaten, Lieder und eine große Messe.

Als nun die Stelle des ersten Kapellmeisters am bischöflichen Hof frei wurde, fragte Vater Mozart: »Könnte man nicht meine Wenigkeit dort einsetzen? Ich würde diesem Posten bestimmt Ehre machen.« Aber der Erzbischof ließ sagen: »Nein, denn wir wissen, daß Er leider mehr auf den Erfolg seiner eigenen Kinder, als auf das Wohl der salzburgischen Musikantenschar bedacht ist!« Und damit hatte er nicht einmal so unrecht.

Zwar war Leopold Mozart immer noch ein gewissenhafter Beamter und vortrefflicher Lehrer, aber eigentlich sah er doch seine höchste Aufgabe darin, der Impresario und Reisebegleiter seines begabten Sohnes zu sein.

Am 9. August 1772 aber wurde Wolfgang zum besoldeten erzbischöflichen Konzertmeister ernannt, mit einem Jahresgehalt von 150 Gulden. Das war gewiß nicht viel, aber immerhin ein Anfang.

Und am 24. Oktober reiste er mit dem Vater bereits zum drittenmal nach Italien:

»Nun sind wir schon zu Botzen, schon? erst! mich hungert, mich durst, mich schläffert, ich bin faul, ich bin aber gesund«, schrieb Wolfgang dem Nannerl. Aus lauter Langeweile fing er eine Serie von sechs Quartetten an zu schreiben und arbeitete gleichzeitig an seiner Oper ›Lucio Silla‹ für Mailand.

Aber über dieser Oper war ein schlechter Stern! Im letzten Augenblick erkrankte der Haupttenor, und es gab nur einen recht traurigen Ersatz für ihn:

»Mein Gott! Der spielt ja, als wenn er der Primadonna die Nas' aus dem G'sicht stoßen wollt' und ihr obendrein noch ein paar Watschn dazu geben!« stöhnte Wolfgang, aber es war nichts zu ändern – die Uraufführung wurde festgesetzt.

Ja! Und als es losgehen sollte – das Publikum mit Spannung im vollbesetzten Theater saß – da geschah nichts dergleichen. Ein paar Zuspätkommende schlichen sich mit tausend Entschuldigungen an ihre Plätze – sie dachten wohl, es sei schon die erste Pause – aber man belehrte sie:

»Es hat noch gar nicht angefangen – der Erzherzog ist noch nicht da!«

So saß man denn, und das Orchester bemühte sich, mit kleinen musikalischen Scherzen die Gäste zu vertrösten, aber die Laune wurde schlecht und schlechter. Man saß wie auf Kohlen vor dem geschlossenen Vorhang – wartete und wartete – das Husten, Scharren, Flüstern, Murmeln wurde immer stärker – es war kaum mehr zum Aushalten, aber es durfte nicht vor dem Erscheinen des Erzherzogs angefangen werden, und er beliebte erst nach dreistündiger Verspätung zu kommen. Die Stimmung war fort – da war gar nichts zu machen.

Zwar erlebte die Oper zwanzig Wiederholungen, aber trotzdem war es nicht das Richtige. Schien sie vielleicht den Italienern zu fremd, zu deutsch? In Italien hatte man noch ganz den Geschmack des Rokoko. So wie man zu dieser Zeit vor lauter Schmuck und Perücken, Puder und Spitzengeflatter ein Gesicht kaum richtig herausfinden konnte – so wie auf den Ziermöbelchen der feinen Leute vor lauter Schwunghaftigkeit kaum Platz zum Sitzen blieb – so wie die Schlößchen aus allem Putz und Zierat kaum mehr herausschauen konnten – so war es auch mit den Rokoko-Opern. Farbenprächtige Kulissen, aufregende Verwandlungsszenen, kostbare Kostüme, singende, trällernde, hupfende Ballettänze – ein Riesenaufgebot an Menschen auf der Bühne, und von der Musik war kaum mehr etwas zu spüren.

»Zum Kuckuck – die Musik ist doch schließlich die Hauptsach!« konnte Wolfgang dann oft laut schimpfen. Mit Schimpfen und Spotten verging sein Ärger oft am besten. Aber er spottete auch gern über sich selber und suchte seine allzu weiche Art mit arger Grobheit zu vertuschen.

Schrieb er etwas, das andere nicht zu lesen brauchten, dann wendete er eine Geheimschrift an, die den Eltern und der Schwester vertraut war und auch gern von ihnen gebraucht wurde. Der Schlüssel zu der merkwürdigen Lesart war:

M	L	O	F	H
für	für	für	für	für
A	E	S	I	U

und umgekehrt.

So schrieb er am 18. Dezember 1772 aus Mailand an die Schwester:

»Ich hoffe, du wirst dich gut befinden, meine liebe Schwester. Wenn du diesen Brief erhaltst, meine liebe Schwester, so geht denselbigen Abend meine liebe Schwester, meine opera in scena. Denke auf mich, meine liebe Schwester, und bilde dir ein, du siehst und hörst, meine liebe Schwester, sie auch ... appropósito, weißt du schon die historie die hier vorgegangen ist?

nun will ich dir Erzählen. Wir giengen heunt vom graf firmian weck um nach Haus zu gehen und als wir in unsere Gassen kamen, so machten wir unsere Hausthüre auf und was meinst wohl, was sich zugetragen? – – wir giengen hinein! Lebewohl! ...

dein unwürdiger
frater
bruder Wolfgang

bitt, bitt, meine liebe Schwester, mich beißt's – kratze mich! Omgl dla h: elftglb, lr osee klk nmcu alyemnd ksaaln, dmn lr whrdl ofcu glwo lurl amculn, mblr bmed!«

Das hieß nach der Entzifferung:

»Sage dem Herrn Leitgeb, er soll kek nach meyland kommen, dan er würde sich gewis ehre machen, aber bald!«

Als Wolfgang wieder daheim in Salzburg war, entstand die herrliche C-Dur-Messe ›In honorem sanctissimae Trinitatis‹. Er war unerschöpflich und stellte sogar seinen neuen, strengen Brotherrn zufrieden. Als der Erzbischof aber in Erholung fuhr und alle Beamten beurlaubte, nutzte Vater Mozart gleich die Zeit, mit Wolfgang wieder nach Wien zu fahren. Er hoffte, die nach dem Tode des Hofkapellmeisters Gaßmann freigewordene Stelle für den Sohn zu gewinnen, aber Maria Theresia blieb kühl, und Guiseppe Bono erhielt das Amt.

Mit dem Geldverdienen schaute es auch sonst schlecht aus diesmal, dafür aber boten sich Wolfgang unvergeßliche Eindrücke in Theater und Musik. Es war in letzter Zeit ein großer Aufschwung süddeutscher Tonkunst und auch das Theater war gut.

Joseph Haydn, der jetzige Liebling Wiens, wurde Wolfgangs großes Vorbild. Das gute Theater Wiens lenkte Wolfgang immer mehr zur Oper. Er war bislang nur ein Musiker mit großer Liebe zum Theater gewesen, aber jetzt wurde er ein Künstler, der auf der Bühne wie zu Hause war.

Daheim in Salzburg schaffte er dann in rastlosem Fleiß weiter. Er hatte viel gelernt, aber dem Vater fehlte der Blick für seine Fortschritte – er fürchtete wohl, daß Wolfgang sich von dem Üblichen zu sehr entfernte und dadurch bald keinen Gelderfolg mehr haben würde.

Es war deutlich, wie sich Wolfgangs Kompositionen von der leichten Wiener Kaffeehausmusik unterschieden. Sie waren hauptsächlich für ganz bestimmte Menschen und Häuser geschrieben und darum wertvoller als die allgemeine Unterhaltungsmusik. Wolfgang brachte nun absichtlich oft den vollen Gegensatz und das innige Wiederverschmelzen von Orchester und Soloklavier, aber der Vater meinte:

»Was dir keine Ehre macht, ist besser, wenn's nicht bekannt wird. Deswegen hab' ich von deinen Sinfonien nichts hergegeben, weil ich voraus wußte, daß du mit reiferen Jahren, wo die Einsicht wächst, froh sein wirst, daß sie niemand hat, wenn du gleich damals, als du sie schriebst, damit zufrieden warst. Man wird immer heikler ...«

›La Finta Giardiniera‹ und ein langer Brief

Aufgeregt stand Mutter Mozart vor der halboffenen Kutsche, mit der Nannerl nun in Begleitung der Frau von Robinig nach München fahren sollte.

Sie hatte einen warmen Mauspelz an und hohe Filzstiefel mit Heufüllung, aber es war ein grimmig kalter Januartag, und die Mutter fragte immer wieder:

»Hast's auch warm, Nannerl? Net, daß d' auch mit so ei'm g'schwollenen G'sicht in München ankommst, wie der Wolferl!«

»Na-na, Mutter, sorgen S' Ihnen net – mir is bacherlwarm! Haben S' auch net vergessen, das Maschkerakostüm mit einz'pakken, weil's der Votta extra g'schrieben hat?«

»Alles hast dabei, Nannerl. Gell, und paß fest aufs Tabakbüchserl auf und den Geldsack, daß d' nix verlierst. Die Pariser Portrait-Kupfern, die der Votta woll'n hat, sein zu unterst im Koffer, daß du's weißt.«

»Is scho recht, Mutter! Also, pfiat di, Mutter! Pfiat di, Bimperl!«

Dann rollte der Wagen zum Tor hinaus. Bimperl, der heißgeliebte Foxelhund, sauste noch eine Weile bellend hinterher, und die Mutter winkte, solange sie Nannerls Kopf aus dem Kutschenfenster spitzen sah. Und der Kutscher hatte einen langen Zettel in der Tasche, wo der vorsorgliche Vater alles genau aufgeschrieben, damit er sie nicht am End' in einem falschen Haus ablieferte: Also:

»Das fünfte Haus, wenn man das Gäßl, wo man zur St.-Peterskirche auf den Rindermarkt hineinsieht, vorbey ist, und heißt das spazenreitterische Haus auf dem Platz.«

So konnte denn auch gar nichts fehlgehen, und bald sanken sich in München Bruder und Schwester, Vater und Tochter in die Arme. Nannerl wurde gleich in ein seelenvergnügtes Faschingsleben hineingezogen.

Hier war der Fasching anders als in Italien – derber, komischer – eben einfach bayrisch – weniger geheimnisvoll, aber dafür um so lauter. Nannerl hatte ein alt-salzburgerisches Kostüm mitgebracht, und Wolfgang vergnügte sich als fideler Bauer.

Die Tage vergingen wie im Flug.

»Und morgen abend zeig ich dir gleich was Besonderes!« sagte Wolfgang zum Nannerl. »Hier ist nämlich das beste Theater in einem Bräuhaus auf der Malztenne – das ist natürlich echt München! Was sagst du dazu?«

»Ja, i hab g'meint, hier gibt's ein Hoftheater – des is doch eigens baut worden!«

»Freilich, freilich, für den Hof und für die großen Opern, da is des Residenztheater da, aber die Leut, das Volk, die Münchner, die gehn am liebsten ins Faberbräu oder in den Rathaussaal. Im alten Opernhaus am Salvatorplatz wird jetzt auch fürs Volk g'spielt, aber weißt ja, wie die Münchner sind – sie bleiben halt gern bei dem, was sie g'wöhnt sind, und im Faberbräu haben sie noch dazu die ersten guten deutschen Stücke g'sehn, und die einheimischen Schauspiele sind ihnen auch lieber als die Wandertruppen.«

Die Gärtnerin aus Liebe

Tempo di Menuetto

Die Mozarts besuchten komische Hanswurschtlstücke und ernste Dramen – zu lernen gab es überall – im Faberbräu und im Residenztheater.

Kurfürst Maximilian III., der selbst Musiker war und die Viola da Gamba wie ein Berufskünstler spielte, war in leutseliger und wirklich teilnehmender Art überall dabei. Er hatte im Herbst 1774 Wolfgang den Auftrag gegeben, für den diesjährigen Karneval eine Oper zu schreiben.

Am 13. Januar 1775 war die Uraufführung von ›La Finta Giardiniera‹ in München, und man konnte darüber in der ›Teutschen Chronik‹ lesen: »... Wenn Mozart nicht eine im Gewächshaus getriebene Pflanze ist, so muß er einer der größten musikalischen Komponisten werden, die jemals gelebt haben.«

Und Wolfgang durfte stolz an seine Mutter schreiben:

»Gottlob! Meine opera ist gestern so gut ausgefallen, daß ich der Mama den lärmen ohnmöglich beschreiben kan. Erstens war das ganze theater so gestrozt voll, daß vielle leute wieder zurück haben müssen. Nach einer jeden Arie war alzeit ein erschröckliches Getöse mit Glatschen und ›Vivat Maestro‹ schreyen.

S. Durchlaucht die Kurfürstin und die Verwitwete (welche mir vis à vis waren) sagten mir auch bravo...

Addieu. An bimperl 1000 Buserln

dein Wolfgang
den 1775sten 14
München Anno Januar«

Viele Salzburger Bekannte waren, teils aus Neugier, teils zum Fasching, auch hergekommen und brachten die Botschaft von Mozarts Erfolg rasch in die Heimatstadt.

Der Erzbischof kam erst nach der Premiere. Er nahm die Glückwünsche zu seinem genialen Landeskind nur mit verlegenem Achselheben und Kopfneigen entgegen. So stolz er auch auf seinen jungen Konzertmeister war, so stark war auch das Mißtrauen gegen ihn, denn er wußte um die Bemühungen Wolfgangs, seinem bischöflichen Dienst auszukneifen und ihn mit einer kurfürstlichen Anstellung zu vertauschen.

Nur zu gerne wäre Mozart in der freien, gemütlichen Stadt München geblieben. Hier wehte frische Luft – hier hatten es die Künstler gut und wurden nicht wie Dienstboten behandelt. Er

liebte die Stadt, deren Kirchtürme so putzig waren, wie nirgends auf der Welt – er besuchte den Türmer, der oben auf dem »alten Peter« sein Stübchen hatte und sorgsam Wacht hielt über Gassen und Gäßchen, daß ja nicht wieder solch schlimmes Feuer ausbreche, wie damals, als fast die ganze Residenz zerstört wurde.

»Des san jetzt fünfazwanz'g Jahrl her«, erzählte der Turmwächter, »da is net viel überblieben von der ganzen Herrlichkeit. Komödianten, französische, ham die Schuld g'habt. Die san unvorsichtig g'wesen im Schloß mit 'm Licht, und drum hat nacha der Kurfürst a eigenes Theater hinbaun lassen mit einer festen Brandmauer zur Residenz hin. Das kommt ihm net noch amal vor – hat er g'sagt...!«

»Ihr habt's gut daheroben!« meinte Wolfgang. »Möcht' am liebsten zu Ihm heraufziehn – da tät sich's fein arbeiten, so nah dem Himmel und weit von Salzburg – ach, tut das Schnaufen wohl!«

Nach seiner Rückkehr aus München wurde Mozart in Salzburger Adelskreisen sehr gefeiert. Die kleinen barocken Palazzi strömten über von den Klängen seiner Musik. Er war in einer herrlichen Schaffenszeit! Seine unerschöpfliche Phantasie und Vielseitigkeit ließen ihm Tag und Nacht keine Ruhe. In spielerischer Sicherheit beherrschte er die Idee. Selten sah man auf seinen Notenblättern Ausbesserungen – er schrieb mit mathematischer Genauigkeit Note für Note – es sah aus wie eine flüchtige Skizze und war doch von Anfang an ein festes Bauwerk, an dem kein Stein versetzt zu werden brauchte.

Sechs Klaviersonaten für Baron Dürnitz waren Wolfgangs erste vollständig reife Arbeiten für das Soloklavier. Serenaden entstanden von gesunder, fröhlicher, geistreicher Art – holdseligste Melodien voll südlicher Wärme der Heimat.

In seiner Musik lebte das ländlich-fürstliche Leben des alten Salzburg – die unbeschwert frohen Feste beim Honigduft und Lichtgeflacker der Wachskerzen. Feierliche Erwartung und Rauschen von Seide und Brokat, Degenklirren und Brunnenplätschern von irgendwo, Flüstern und Kichern, während die Instrumente dudelnd und fiedelnd, summend und brummend gestimmt wurden – draußen das alte Gemäuer, die geschwungenen Giebel der Stadt und ein weitgespannter, klarer Sternenhimmel.

Über dreißig der besten Werke entstanden in dieser romantischen Jünglingszeit. Zum Besuch Erzherzog Maximilians komponierte Wolfgang die zweiteilige Festoper ›Il Re pastore‹ von Metastasio und schaffte sich damit in dem Fürsten fürs Leben einen freundlichen Gönner.

Eines Tages aber kam Vater Mozart aufgeregt nach Haus: »Wißt ihr das Neueste, daß der Bischof unser Hoftheater schließen will?«

»*Nein!* Und was wird dann?«

»Ein neues Theater beim Mirabellgarten soll eröffnet werden für irgendwelche Wandertruppen.«

»Man will also ein Geschäft damit machen. Ich leb halt in einem Land, wo die Musik kein Glück hat!« seufzte Wolfgang.

Im Juni 1777 versuchte der Vater, für neue Reisen Urlaub vom Erzbischof zu bekommen. Nachdem das Gesuch erstmals abgelehnt wurde, erhielt schließlich bloß Wolfgang die Erlaubnis, zu reisen.

»Er ist ohnehin nur halb in Diensten«, meinte der Erzbischof, und Wolfgang kam nun um seine gänzliche Entlassung ein, da er anderwärts sein Glück versuchen wollte. Er schrieb einen langen Brief an seinen Brotherrn:

»An den Erzbischof Hieronymus von Salzburg
Salzburg, I. August 1777

Ihro Hochfürstliche Gnaden
Hochwürdigster des Heiligen Römischen Reiches
 Fürst
 gnädigster Landesfürst
 und
Herr Herr!

... Die Eltern bemühen sich, ihre Kinder in den Stand zu setzen, ihr Brot für sich selbst gewinnen zu können und das sind sie ihrem eigenen und dem Nutzen des Staates schuldig. Je mehr die Kinder von Gott Talente erhalten haben, je mehr sind sie verbunden Gebrauch davon zu machen, um ihre eigenen und ihrer Eltern Umstände zu verbessern, ihren Eltern beyzustehn und für ihr eigenes Fortkommen und für ihre Zukunft zu sorgen.

Diesen Talentwucher lehrt uns das Evangelium. Ich bin demnach vor Gott und meinem Gewissen schuldig meinem Vatter, der alle seine Stunden ohnermüdet auf meine Erziehung verwendet, nach meinen Kräften dankbar zu seyn, ihm die Bürde zu erleichtern und für mich und dann auch für meine Schwester zu sorgen.

Euer hochfürstliche Gnaden erlauben mir demnach gnädigst, daß ich Höchstdieselben unterthänigst um meine Dienstentlassung bitte.

Euer Hochfürstliche Gnaden werden mir diese unterthänige Bitte nicht ungnädig nehmen, da Höchstdieselben schon vor drey Jahren, da ich um die Erlaubniß nach Wien zu reisen bath, sich gnädigst gegen mich erklärten, daß ich nichts zu hoffen hätte und besser thun würde, mein Glück andern Orts zu suchen. Ich danke Euer Hochfürstliche Gnaden in tiefster Unterthänigkeit für alle empfangenen Höchste Gnaden und mit der schmeichelhaften Hofnung, Euer Hochfürstliche Gnaden in meinen mannbaren Jahren mit mehreren Beyfall dienen zu können, empfehle ich mich zuführwehrenden Höchsten Hulden und Gnaden

> Euer Hochfürstliche Gnaden
> meines gnädigsten Landesfürsten
> und
> Herr Herrn
> unterthänigster und gehorsamster
> Wolfgang Amade Mozart.«

Dem Vater war's nun aber bei der endgültigen Verabschiedung seines Sohnes gar nicht wohl.

»Hurra! Vota, i bin frei!« jubelte Wolfgang, und der Vater meinte:

»Ja, frei bist jetzt, aber was Besseres hast du auch noch nicht zum Ersatz, und eine sichere Brotstell' ist allweil besser als ein hungriges Künstlerleben!«

Aber Wolfgang war hoffnungsfreudig:

»So viel wie die notigen Gulden von unserem sparsamen Landesfürsten verdien' ich mir ja beiläufig als Leierkastenmann. Hier ist die ganze Musik am Vertrocknen – hier werd' ich nie mehr als ein schlecht bezahlter, gehorsamer Diener meines strengen Herrn!«

»Ja, ja, aber wie willst du reisen ohne mich, wo du so unselbständig, so g'schäftsuntüchtig und leichtgläubig bist?«

Er hatte den Sohn zu sehr an seine väterliche Fürsorge gewöhnt, so daß er sich nun Sorge machte, wie Wolfgang ohne ihn in der Welt fertig werden sollte. Leicht beeinflußbar, weichherzig und ohne Menschenkenntnis, sah er ihn so vielen Gefahren ausgesetzt, daß er ihn nur ungern mit der Mutter allein auf Reisen schickte.

Sorgsam hatte er bis ins kleinste die nächste Fahrt vorbereitet und die beiden mit zahllosen Briefen, Adressen und Segenswünschen versehen, als sie nun im Herbst 1777 im eigenen Reisewagen Salzburg verließen. Der Abschied von Frau und Sohn fiel ihm schwer, aber er wollte dem Glück seines Wolferl nicht im Wege stehen.

Vater Leopold – Schwester Nannerl – Köchin Thresel und der Hund Bimperl konnten in dieser Nacht vor Trauer kein Auge zutun. Das Mozartsche Familienleben war allezeit so ungetrübt und glücklich gewesen, daß keines recht ohne das andere sein mochte, und nur die langen, langen Briefe, die sie schrieben, konnten über die Trennung ein bißchen tröstlich sein.

Das »Bäsle«

Aus München bekam Leopold Mozart von der Mutter einen Brief:

> »Und ich schwize, das mir das Wasser über das G'sicht lauft vor lauter Müehung mit dem packen. Holle der Plunder das Reisen, ich mayne, ich mus die Füße ins Maul schieben vor Müdigkeit.«

Und Wolfgang setzte darunter:

> »Uns geht nichts ab, als der Papa!«

Ja, der Vater, der wußte freilich besser Bescheid mit dem Reisen, dem Packen und all dem Geschäftlichen. Jetzt fragte sich die Mutter oft, wie er das bloß alles geschafft hatte. Nebenbei mußte er doch auch noch den Kindern die Schule ersetzen. Sie hatten so ziemlich alles gelernt, was andere Schulkinder auch wußten, und das neben dem Musikunterricht, den anstrengenden Konzerten, Besuchen und langen Fahrten.

Der Vater hatte immer die Ruhe bewahrt und war in geschäftlichen Dingen der reinste Kaufmann. Wolfgang war das genaue Gegenteil. Häusliche Ordnung und Geldwirtschaft verstand er nicht. Da er selbst ein offener, ehrlicher Mensch war, blieb er immer zu leichtgläubig und gutmütig, um die Schliche falscher Freunde zu durchschauen. Leicht ließ er sich zu irgend etwas hinreißen, was praktisch gar nicht auszuführen war.

Nun hatte er doch immer noch große Hoffnungen, in München bei Hof Anstellung zu finden. Bald war ein Kreis lustiger Freunde beisammen. Die heitere Gemütlichkeit der Kunst- und Bierstadt machte ihn sorglos vergnügt.

Jemand verschaffte ihm Gelegenheit, den Kurfürsten sofort zu sprechen. Es war ein kleines, enges Zimmerl, durch das Maximilian hindurch mußte, wenn er vor der Jagd die Messe hören wollte.

Wolfgang trat ihm recht siegesgewiß entgegen, als der Kurfürst ihn fragte:

»Ja, völlig weg von Salzburg, völlig weg?«

»Ja, Euer Kurfürstliche Durchlaucht!«

Wolfgang klopfte das Herz bis in den Hals – jetzt mußte es sich entscheiden! Der Kurfürst lächelte:

»Ja, warum denn? Habt's enk z'kriegt?«

»Ei beileibe, Euer Durchlaucht! Ich habe nur um eine Reise gebeten. Er hat sie mir abgeschlagen. Mithin war ich gezwungen, diesen Schritt zu machen, obwohl ich schon lange im Sinn hatte, wegzugehen. Denn Salzburg ist kein Ort für mich. Ja, ganz sicher!«

»Mein Gott, ein junger Mensch! – Aber der Vater ist noch in Salzburg?«

»Ja, Euer Kurfürstliche Durchlaucht! Er legt sich untertänigst zu Füßen. Ich bin schon dreimal in Italien gewesen, habe drei Opern geschrieben, bin Mitglied der Akademie in Bologna, habe müssen eine Probe ausstehn, wo viele Maestri vier bis fünf Stunden gearbeitet und geschwitzt haben. Ich habe es in einer Stunde verfertigt.

Das mag zum Zeugnis dienen, daß ich imstande bin, in einem jeden Hof zu dienen. Mein einziger Wunsch ist aber, Euer Kurfürstlichen Durchlaucht zu dienen, der selbst ein großer ...«

Da klatschte sich der Kurfürst seinen Handschuh an die Schenkel und meinte mit hochgezogenen Augenbrauen:

»Ja, mein liebes Kind, es ist keine Vakatur da. Mir ist's leid. Wenn nur eine Stelle frei wäre!«

»Ich versichere Euer Durchlaucht, ich würde München gewiß Ehre machen!«

»Ja – es nutzt alles nicht. Es ist keine Vakatur da!« Mit diesen Worten ging der Kurfürst aus dem Zimmer und ließ den gänzlich niedergeschlagenen Mozart stehen.

Da nützte auch das Trösten der Mutter nichts. Wenn eben keine Stelle frei war, dann war alles verloren! Die Freunde setzten sich bei Hof nochmals für ihn ein, aber der Kurfürst sagte:

»Jetzt ist es noch zu früh. Er soll nochmal gehen, nach Italien reisen, sich berühmt machen. Ich versage ihm nichts, aber jetzt ist es noch zu früh!«

Die Freunde saßen beisammen und berieten: »Wir wollen dich unterstützen, Mozart! Aufträge kriegst du hier genug. Wir können dir alle Geld leihen fürs erste – zum Essen wirst du meist eingeladen, und eines Tages wird schon eine Stelle frei werden für einen solchen Kapellmeister und Komponisten, wie du bist – das sollst du sehen!«

Wolfgang war gerührt über so viel Kameradschaftsgeist.

»Eigentlich habt ihr recht! Soviel, wie in dem damischen Salzburg brächten wir beiläufig hier auch zusammen, wenn ihr mir helfen wollt.«

Gleich setzte er sich hin und schrieb seinem Vater die neuen Pläne:

>... ich bin hier sehr beliebt, und wie beliebt würde ich erst werden, wen ich der teutschen Nationalbühne in der Musik empor hälfe?«

Aber der Vater antwortete:

>Daß du allein in München leben könntest, hat seine Richtigkeit; allein was würde dir dieses für eine Ehre machen, wie würde der Erzbischof darüber spotten. Das kannst du aller Ort, nur nicht in München. Man muß sich nicht so klein machen und nicht so hinwerfen. Dazu ist ganz gewiß noch keine Noth! Die schönen Worte, Lobsprüche und Bravissimo zahlen weder Postmeister noch Wirte. Sobald man nichts mehr gewinnen kann, muß man allsogleich weitertrachten.«

Und damit hatte der kluge Mann ja eigentlich wieder recht.

Der Vater fühlte sich recht allein mit Nannerl in Salzburg. Zur Zerstreuung waren sie einmal auf einen Maskenball gegangen, und er hatte viel, viel Spaß daran gehabt, daß ihn niemand erkannte, so daß er ungestört alle Leute zum Narren halten konnte. Es war selten genug, daß er sich ein Vergnügen gönnte.

Wolfgang wollte in München wieder solch vergnügte Stunden suchen, wie er letztes Mal auf dem Fasching gehabt hatte. Aber auch darin hatte er diesmal Pech.

»Stellen Sie sich vor, Mama – unter fünfzig Damen war nur eine einzige, die recht im Takt zu tanzen verstand, und bis ich die entdeckt hatte, war's an der Zeit, nach Hause zu gehen!«

Überhaupt war ihm die Stadt schon ziemlich verleidet. Der Vater meinte:

>Ich habe mir von München keine günstige Vorstellung gemacht, der Churfürst ist gebunden, ohne Vaccatur Niemand aufzunehmen: und zu allem dem hat man immer heimliche Feinde, die es aus angst verhindern.«

So fuhr Wolfgang mit der Mutter vorerst in des Vaters Heimatstadt Augsburg, wo er auf der Durchreise allerlei Besuche machen sollte. Der Sohn ging nun durch all die alten Gassen, durch die Leopold Mozart als Sängerknabe gezogen war – er besuchte die Verwandten und Bekannten und trug auch brav auf des Vaters Wunsch zum erstenmal sein päpstliches Ritterkreuz. Wohl fühlte er sich nicht dabei.

Vater und Sohn wechselten einige witzige Spottbriefe:

> »Manchmal glaubt man in der Türkei zu sein, wenn man in so einem verräucherten Kaffeehaus sitzen muß und übertriebene Reden anhören von leuten, die nichts von der Musik verstehen!
> Der Graf sagt alle Wörter auf stölzen und macht gemeiniglich das maul ehender auf, als er nur weis, was er sagen will – – manchmal fällt es auch zu, ohne etwas zu tun gehabt zu haben.«

Mit Müh und Not kam ein Konzert zustande, das aber mehr Bravoklatschen als Geld einbrachte. Man versprach viel und hielt nichts.
Der Orden mit dem goldenen Sporn, den Wolfgang sowieso recht ungern trug, war manchem Gimpel ein Dorn im Auge. Man verspottete ihn damit. Ein junger Esel fragte ihn, ob er wohl um drei Dukaten feil wäre.
»Er ist doch wohl bloß aus Kupfer?«
Wolfgang antwortete ruhig:
»Gott behüte! Er ist aus Blech!«
Da höhnte der Adlige:
»Na, ich kann ihn ja ohne Sporn tragen!« und Wolfgang meinte schlagfertig:
»Gewiß – Sie brauchen ihn nicht. Sie haben ohnehin einen im Kopf. Ich hab zwar auch einen, aber es ist halt ein Unterschied. Ich möchte mit dem Ihren wahrhaftig nicht tauschen.«
Nahm seinen Hut und Degen und ging zur Tür hinaus.
Der Vater antwortete auf Wolfgangs zornigen Brief:

> »Diese stolze und unbesonnene Plumpheit sind diese Leute auch imstande gegen wirkliche, große regierende Herren auszuüben, welches dem Augsburger Magistrat, sonderheitlich gegen den Kurfürsten von Bayern, schon einige hunderttausend Gulden gekostet hat, da er ihnen auf jede beleidigende Plumpheit den Lechfluß sperrt. Dann haben sie kein Wasser, müssen bezahlen, schmieren und eingehen, was verlangt und noch recht schöne Worte ausgeben.«

Und die Mutter meinte:
»Ich hätte meiner Lebtag nicht geglaubt, da doch Augsburg die Vaterstadt deines Papa ist, daß man hier seinen Sohn so ärgern würde.«

»Ich auch nicht!« seufzte Wolfgang. »Und das kann ich sagen, wenn nicht ein so braver Herr Vetter und Base und so lieb's Bäsle da wären, so reuete es mich, so viel als ich Haare auf dem Kopf habe, daß ich nach Augsburg bin!«

Ja, das »Bäsle« – die war halt ein großer Trost bei so viel Ärger und Verdruß! Ein lustiger, ausgelassener, übermütiger Kindskopf und Kamerad, wie sie war, hatte sie gleich das Herz ihres Salzburger Vetters gewonnen.

Einmal, als sie ausgehen wollten, den goldenen Saal und alle Sehenswürdigkeiten der schönen alten Stadt zu besichtigen, da hatte sie sich ihm zuliebe französisch angezogen.

Donnerwetter! Da war sie gleich noch zehnmal schöner als sonst in der bürgerlichen Tracht. Die Haare trug sie frisiert wie eine Hofdame, mit Schleifen und Bändern und Blumen drin, und der Umfang ihres Reifrockes paßte kaum mehr zur Tür herein – dazu hatte sie ein süßes Schönheitspflästerchen am Kinn und lachte schelmisch hinter einem großen Fächer hervor.

»Weißt, Wolferl, heut b'such ma den eingebildeten Vetter, der sich so viel aufs Klavierspiel'n einbild't – dem wolle wir's mal einbrocke, dem Affen.«

»Donnerwetter, ja! Da bin i glei dabei, aber was willst tun, Bäsle?«

»Siehst dann scho!«

Ja, da hatte der Vetter, der besser prahlen als musizieren konnte, gleich einen Haufen Leute eingeladen, damit sie hören und sehen sollten, daß nicht bloß der Mozart Meister wär' ...

Andächtige Stille herrschte – siegesgewiß schaute der Pianist nochmal nach seinem Publikum, und dann kamen die ersten Töne, aber ... die zweiten, die blieben weg. Verdutzt schlug der Vetter immer wieder die Tasten an, aber es rührte sich nichts ...

»Zum Kuckuck!« rief er, und sprang mit knallrotem Kopf in die Höhe – sein Publikum hatte die Würde verloren und brüllte bald vor Lachen – das Bäsle aber war nirgends mehr zu sehen – die stand hinter der Tür und lachte Tränen vor Schadenfreude.

»Wenn er den Klavierdeckel aufmacht – sind lauter Strümpf' drin!« gestand sie kichernd dem ahnungslosen Wolfgang.

»... wir zwei taugen recht zusammen, denn sie ist auch ein
bißchen schlimm. Wir foppen die Leut miteinander, daß es
lustig ist«

schrieb Wolfgang dem Vater.

Dem kerngesunden und frischen Mädel war kein Streich zu schwierig, kein Witz zu grob – sie machte bei allem begeistert mit. Was dem schlimmen Vetter nicht einfiel, dachte sich die schlimme Base aus, und sie hielten zusammen wie Pech und Schwefel und dachten ungern an den Abschied.

Noch einen Freund hatte Wolfgang in Augsburg gefunden – den Klavierbauer Andreas Stein. Der hatte gerade einen wundervollen Flügel gebaut und brannte darauf, einmal einen wirklichen Künstler darauf spielen zu hören.

»Wisse Se – i bin halt grad so a technischer Spieler, wie ma's halt braucht für'n Klavierbau – i geb kei Ruh, bis i alle Kunststückl ausprobiert hab auf so ei'm Instrument, aber wie's richtig klingt, wann amals so a echter Virtuos drauf spiele tät...«

Wolfgang verbrachte viele Stunden bei ihm und lobte sein Klavier über alles:

»Man merkt, Sie arbeiten zum Nutzen der Musik und nicht zum eigenen Nutzen!«

Da meinte der gute, alte Handwerker:

»Ja, wenn i net selber ein solcher Musikliebhaber wär und auch a bissel auf dem Klavier könnt', dann hätt i gewiß schon längst die Geduld bei meiner Arbeit verlore!«

Einmal bat Wolfgang:

»Jetzt lassen Sie mich aber auch auf Ihrer Orgel spielen!«

Und da verwunderte Stein sich groß:

»Was, ein solcher Mann wie Sie, ein solch großer Klavierist will auf einem Instrument spielen, wo keine Douceur, keine Expression, kein Piano noch Forte stattfindet, sondern immer gleich fortgeht??«

Aber Mozart antwortete ihm:

»Das hat alles nichts zu bedeuten. Die Orgel ist doch in meinen Augen und Ohren die Königin aller Instrumente.«

Und Wolfgang spielte! Der Meister strahlte vor Freude über solche Musik und murmelte:

»Des glaub ich, daß Sie gern Orgel spiel'n, wenn man soo spielt...!«

Heitere Tage in Mannheim

Weinend hat das »Bäsle« hinter Mozarts Kutsche hergewinkt. Es waren ein paar so glückliche Wochen für sie! Noch nie hat sie jemand gefunden, der so zu ihr gepaßt hat, wie der Musikus Vetter Wolfgang. Ob er sie einstmals heiraten würde, wenn er ein berühmter Mann mit einer festen Anstellung wäre? Sie hatten nie über so etwas gesprochen – bloß die kostbaren Stunden bubenhafter Fröhlichkeit genossen, und auch jetzt wischte sie sich mit energischem Ruck die Augen an der Schürze ab und lachte wieder ihr übermütiges Bäslegelächter.

In Mannheim bei Karl Theodor von der Pfalz ging's hoch her.

Leichtlebig, geistreich und leutselig wie der Fürst war, führte er einen reichen Hof in französischem Stil. Mannheim besaß eine Akademie für Kunst und Wissenschaft, eine große Bibliothek, eine Sternwarte, ein Naturalienkabinett, Gemälde- und Kupferstichsammlungen. Karl Theodor schaffte die erste deutsche Nationalschaubühne und Wolfgang feierte Wiedersehn mit seinem weltberühmten Orchester, das der große Johann Stamitz gegründet hatte.

Hier erlebte Wolfgang das genaue Gegenteil von der sparsamen, engherzigen Bischofstadt Salzburg.

Gern ließ er sich in den lebensfrohen Stil der Mannheimer Künstlergesellschaft hineinreißen. In seiner österreichischen Liebenswürdigkeit und Geselligkeit fand er sofort Freunde in der fremden Stadt.

»Ist es nicht derselbe Mozart, der als Siebenjähriger in Schwetzingen spielte?«

»Der ist's! Ich dachte, nie wieder etwas von ihm zu hören, denn solche Wunderkinder verschwinden doch meist so rasch, wie sie auftauchen«, sagte eine Hofdame.

»Dieser Mozart hatte aber schon damals mehr in sich, als eine angelernte Virtuosität – er zeigte entzückende eigene Gedanken und sprühte nur so vor Eifer. Wunderkinder sind doch meist nur müde, langweilige Klavierakrobaten«, antwortete der Flötist Wendling.

»Ja – das ist wahr! Der kleine Kerl war Musik von seinem blonden Zöpferl bis in die Fingerspitzen. Der Kurfürst soll ganz entzückt von ihm sein – ob er bei uns bleibt?«

Cannabich, der ausgezeichnete Orchesterführer, Lehrer und Solist, war ständig in hellster Freude über Wolfgangs Können. Seine eigenen begabten Töchter Liesel und Rosel wolle er von ihm ausbilden lassen, und man freundete sich herzlich an.

Es kamen herrliche Wochen großer Lebensfreude für Wolfgang. Er komponierte aus Freundlichkeit viel private Musik und wurde überall verehrt.

Lustige Abende mit kleinen Hauskonzerten und viel Gelächter hielten ihn oft lange vom Heimgehen ab.

»Ach, Wolferl – ich glaub, du bist lieber bei anderen als bei mir!« jammerte seine Mutter, die sich nicht so schnell einleben konnte, aber Wolfgang küßte sie liebevoll und meinte:

»Schaun S', Mama, wir sind halt alles so junge Leut – wir musizieren, tanzen und machen Gaudi miteinander – die Jungen g'hörn halt zusammen – deswegen hat ma' sei' alte Mutter doch kei' bißl weniger gern! Das können Sie mir glauben.«

Es war ein köstliches Musizieren bei Direktor Cannabich oder Wendling, dessen schöne »Mademoiselle Gustl« eine wundervolle Stimme hatte. Wolfgangs Briefe waren voll Übermut und Hoffnungsfreudigkeit:

»8. November 1777 Mannheim.

Allerliebster Papa!

Ich kann nicht poetisch schreiben; ich bin kein Dichter – ich kann die redensarten nicht so künstlich mittheilen, daß sie schatten und licht geben; ich bin kein mahler. Ich kann sogar durchs deuten und durch Pantomime meine gesinnungen und gedanken nicht ausdrücken, ich bin kein tanzer; ich kann es aber durch Töne; ich bin ein Musikus.

Mon très cher Père
gehorsamster Sohn
Wolfgang Amadé Mozart.«

Der Vater aber drängte ernstlich auf Entscheidung. Falls der Kurfürst ihn nicht anstellen wolle, wäre es höchste Zeit, vor dem Winter noch nach Paris zu kommen. Er hatte bereits 700 Gulden geliehen für diese Reise und schränkte sich selber nach Kräften ein. Das Kapital, das man auf der großen Reise verdient hatte, war gänzlich bei den drei Italienfahrten draufgegangen, und des Vaters Jahressold war gering. Bloß zum Vergnügen sollte Wolfgang nicht in Mannheim bleiben: So schrieb er:

»Man muß andere, wichtigere Gedanken im Kopf haben, als Narrenpossen, sonst sitzt man auf einmal ohne Geld im Dreck. Wo kein Geld ist, ist auch kein Freund ...«

Der Kurfürst war stets von gleichbleibender Liebenswürdigkeit. Er bat Wolfgang, seine Kinder im Klavierspiel zu unterrichten, und immer wieder glaubte Wolfgang, Hoffnung schöpfen zu dürfen.

»Bleibe Er recht lange bei uns!« meinte der leutselige Fürst, und schenkte Wolfgang eine goldene Uhr.

»Wieder eine!« seufzte der stellungslose Musiker, als er damit nach Haus kam.

»Immer neue goldene Uhren und nie ein Geld! Was stellen sich diese Fürsten wohl vor, von was unsereiner so lebt? Ob sie meinen, daß man vom Klavierspielen satt wird – da kriegt man doch erst so den richtigen Holzknechtshunger dabei.«

Und die Mutter lachte:

»Es wird am g'scheitesten sein, wenn du dir deine sämtlichen Uhren auf einmal rund um den Bauch hängst, dann weißt du wenigstens bestimmt nicht mehr, welche Zeit wir haben, und es kommt vielleicht keiner mehr auf den Gedanken, dir noch eine Uhr zu schenken!«

Dem Bäsle schrieb Wolfgang lustige Briefe, und sie blieb ihm keine Antwort schuldig, aber jetzt hatte er sich ein Bild von ihr ausgebeten, und als plötzlich ein dickes Paket von ihr kam und er bei allem Suchen kein Bild entdecken konnte, da setzte er sich hin und schrieb:

»Potz Himmel tausend sakristey, Croaten schwere noth, Teufel, Hexen, truden Kreuz – Battalion und kein End, Potz Element, Luft, Wasser, erd und Feuer, Europa, asia, affrica und America, jesuiter, Augustiner, Benedictiner, Capuzieler, minoriten, Franziskaner, Dominikaner, Chartheuser und Heilkreuzer Herrn, Cannonici Regulares und irregulares und Bärnhäuter, Spitzbuben, Hundsfötter, Cujonen und schwänz übereinander, Eseln, büffeln, ochsen, Narrn, Dalken und Fuxen! was ist das für eine Manier, vier Soldaten und drei Bandalier? – – so ein Paquet und kein Portrait? ...«

Nach solchem Erguß war ihm wieder wohler. Ja, so war er, der kleine, blasse Wolfgang Mozart, der die zärtlichste Musik schrieb! Und es war ja auch nicht so, wie der Vater meinte, daß er faul und nichtsnutzig geworden war im leichtsinnigen Mannheim. Er war von Natur aus fleißig und hätte ohne seine Arbeit, ohne seine Musik gar nicht sein können. Der Vater durfte deshalb unbesorgt sein. Wolfgang konnte kein schlechter Mensch werden. Er sagte einmal:

». . . ich kenne mich, ich weiß, daß ich soviel Religion habe, daß ich gewiß niemals etwas tun werde, was ich nicht imstande wär' vor der ganzen Welt zu tun . . .«

Auf des Vaters Drängen fragte Wolfgang noch einmal ernstlich bei Hof an, wie es wohl um ihn stünde, aber der Vermittler zuckte nur mit den Schultern und meinte: »Es ist immer noch keine Entscheidung da!«

Der Teufel soll's holen!

Da flüchtete Wolfgang verzweifelt zu Familie Cannabich, um sich dort auszuweinen.

»Meine arme Mutter braucht's nicht zu sehn, wie mir ist!«

»Fassen Sie sich, Mozart! Wir wollen alles versuchen. Es ist einfach unbegreiflich, wo Sie so in Gunst stehen. Ob da irgend jemand gegen Sie arbeitet?«

»Ich wüßt' gar nicht, wer. Ach, wenn ich doch den Auftrag kriegte, eine deutsche Oper zu schreiben! Der Kurfürst hat den Anfang doch schon gemacht mit deutschen Opern und deutschen Kräften! Es drängt mich Tag und Nacht dazu, und dabei muß ich die kostbaren Stunden mit mehr oder weniger unentgeltlichem Klavierunterricht vertun!«

Am 30. Dezember 1777 kam Wendling aufgeregt zu Mozarts:

»Jetzt ist alles für Mannheim verloren! Kurfürst Maximilian ist tot! Er war der letzte der bayrischen Wittelsbacher, und so wird unser Karl Theodor wohl nach München gehen als sein Nachfolger!«

»Das hat g'rad noch g'fehlt!« Wolfgang war gänzlich niedergeschlagen von dieser Botschaft. Richtig reiste der Pfälzer Kurfürst noch in der Silvesternacht ab, um sein bayrisches Erbe anzutreten.

Es war aber etwas, was Wolfgang immer noch hinderte, Mannheim zu verlassen. Am 17. Januar 1778 schrieb er dem Vater:

»Künftigen Mittwoch werde ich auf etliche Tage nach Kirchheim-Poland zu der Prinzessin von Oranien gehen. Weil sie eine außerordentliche Liebhaberin vom Singen ist, habe ich ihr vier Arien abschreiben lassen, und eine Sinfonie werde ich ihr auch geben, denn sie hat ein niedliches Orchester und gibt alle Tage Akademie.

Die Copiatur von den Arien wird mich auch nicht viel kosten, denn die hat mir ein gewisser Herr Weber, welcher mit mir hinübergehen wird, abgeschrieben. Dieser hat eine Tochter, die vortrefflich singt und eine schöne, reine Stimme hat und erst 15 Jahre alt ist. Es geht ihr nichts als die Action ab, dann kann sie auf jedem Theater die Prima donna machen ...«

Ja, das war der Hauptgrund, weshalb der junge Mozart nicht von Mannheim wegfand – Aloysia Weber!

Die Konzertfahrt zur Prinzessin von Oranien wurde eine lustige Ferienreise, und die Prinzessin hatte eine Riesenfreude an diesem Wiedersehen mit ihrem damaligen kleinen Verehrer Wolfgang.

»Wissen Sie noch, wie Sie als Bub in Haag so krank waren – man fürchtete schon das Schlimmste –, und da setzte sich das magere, blasse Kerlchen im Bett auf und komponierte mit zitternden Händen eine Arie – eine Sopranarie, und als sie fertig war, setzte es noch artig meinen Namen oben drüber und schenkte mir das kleine Werk?

Es wäre nett, wenn Mademoiselle Weber es uns heut' abend einmal singen würde!«

»Gewiß gern, Euer Durchlaucht!« knickste das Mädchen und wurde rot, aber Wolfgang, der seine Luise lieber mit schwierigen Stücken glänzen sah, lächelte spitzbübisch:

»Viel reizender wäre es wohl noch, wenn die Prinzessin ihre Arie einmal selber singen würde – wir wagen kaum, sie drum zu bitten ... aber, weil ich das Stückerl doch eigens für sie g'schrieben hab ... ich glaub, da wird's auch von ihr selber am schönsten klingen!«

Die Prinzessin ließ sich nicht zweimal bitten:

»Sie sind ein Schmeichler geworden, Wolfgang!« Doch der schüttelte den Kopf:

»Nein, das war ich schon immer, aber nur, wenn ich's ehrlich meine, Prinzessin!«

Das Konzert wurde zu einem reizenden Fest! Es war so privat, so herzlich und intim, daß man die Bezahlung leider mal wieder ziemlich nebensächlich behandelte.

Die Weberin sang die schwierigsten Stellen in Wolfgangs Arien so gut, daß jedermann entzückt sein mußte. Dazu spielte das Mädchen auch ausgezeichnet Klavier und war eine so unterhaltliche, liebe Gesellschaft, daß Wolfgang nun bis über die Ohren verliebt war und immer wieder sagte: »Wie schade, daß wir uns nicht schon länger kennen!«

Und jetzt sollte er abreisen? Gerade jetzt? Fünf lustige Tage verlebten sie in Worms miteinander, aber viel zu schnell war die Zeit vorbei. Nie hatte Wolfgang es so bitter empfunden, daß er ein armer Teufel, ein stellungsloser Musikus war, wie jetzt, denn die Familie Weber lebte in kläglichen Verhältnissen, und er konnte nicht helfen, so gern er gewollt hätte. Er durfte in seiner hoffnungslosen Lage, bei seiner ungewissen Zukunft, keine Heiratsgedanken haben. Das wußte er wohl. Aber helfen wollte er, und er dachte sich die tollkühnsten gemeinsamen Wanderpläne aus:

»Laßt uns zusammen nach Italien gehn! Ich kann die deutsche Oper sein lassen und lieber eine italienische schreiben. Sie werden mit Ihrer Stimme mein Werk berühmt machen ... Luise, Sie werden sehen, daß es geht!«

Vater Weber war von solchen Plänen sehr begeistert. Er hatte nicht viel zu verlieren als Hofmusiker und Souffleur am Mannheimer Hof. Er hätte, wie früher Wolfgangs Vater, den Impresario machen können, und die andere Schwester sollte als Hausfrau mitgenommen werden.

Wolfgang schrieb dem Vater:

> »Ich habe dise bedrückte Familie so lieb, daß ich nichts mehr wünsche, als daß ich sie glücklich machen könnte ...«

Er saß täglich bei Webers. Die Schwestern flickten mit vereinten Kräften seine zerrissenen Sachen, und er komponierte Arien für seine Luise, Arien für den berühmten Sänger Raaff und schrieb mit Bedacht für jede Stimme nach den Eigenschaften des Sängers, denn er sagte:

»Eine Arie muß angemessen sein, wie ein gutes Kleid.«

Luise war das Gegenteil von dem drallen, herzensguten Augsburger »Bäsle«, sie war schlank, schön, kühl und berechnend, aber die Stunden gemeinsamen Musizierens fesselten Wolfgang so sehr an sie, daß er gar nichts Gescheites mehr denken konnte.

In Salzburg kratzte der Vater unterdessen das letzte Geld zusammen. Nannerl plagte sich mit Klavierstunden. Sie trugen es mit Humor, da es für das Wohl ihres Wolferl war, aber bald wurde es dem Vater doch zu dumm mit dem Mannheimer Aufenthalt. Er schrieb, teils in der verabredeten Geheimschrift, an den Sohn:

»Ich sehe aus wie der arme Lazarus. Mein Schlafrock ist so voller Fetzen, daß ich davonlaufen muß, wenn in der Früh jemand läutet. Mein altes flanellenes Leibel, das ich schon so viele Jahre Tag und Nacht trage, ist so gerissen, daß es kaum mehr auf dem Leibe bleibt und ich kann mir weder Schlafrock noch Leibel machen lassen. Ich habe mir, solang Ihr aus seid, kein Paar Schuhe machen lassen. Ich habe keine schwarzen seidenen Strümpfe mehr ...«

Damit nun Wolfgang und der Mutter die Mühseligkeit erspart blieb, alles für die Reise nach Paris auszurechnen, so hatte er sich die Arbeit gemacht und in vorsorglicher Weise alles bis ins kleinste aufnotiert:

». . . Nun zu Euerer Reise! Vor allem muß ich Euch sagen, daß die Person auf dem Postwagen von Straßburg nach Paris 92 oder 93 Livres zahlt. Das ist also für die Person 3 Livres weniger, als 4 Louisd'or – ich rechne also für zwei Personen 8 Louisd'or. Da ist auch schon NB. das Trinkgeld dabey. – – Das sind also: 88 fl.

Nun müßt Ihr auch verzehren, man braucht 4 tage, das ist, man schläft 3 mahl über Nacht, den 4. tag kommt man an. vielleicht späth, je nachdem das Wetter ist. Ich rechne also 8 Mahlzeiten, die M. zu 2 fl. 16 fl.

————————
104 fl.
Nun kommt die Hauptsache die Bagage! 131 Fl. 30.«

Sogar um das Packen der Koffer kümmerte sich der Vater – er war eigentlich so in Gedanken dauernd bei den beiden in Mannheim, daß er auch nichts vergaß. Er schrieb endlos lange Briefe:

»Nun könnte die Sache also gemacht werden: Ihr müßt einen Coffre haben, in diesen solltet ihr nur für jedes, sonderheitlich für Wolfgang ein paar gute Winterkleider, alle Wäsche – kurz die nothwendigsten Sachen thun, dann sein Clavier, Conzert, etliche der besten Synfonien, das Conzertone mit einem Wort, das Allernothwendigste, – den großen Coffre aber füllt man mit allen den übrigen Sachen an, und spricht mit einem Kaufmann, der den Coffre an seinen Correspondenten mit Fuhrleuthen fortschickt ... Das andere Coffre mit den nothwendigen Sachen, dann den Nachtsack und das Geigentruehl nemmt ihr mit. Könntet Ihr das Geigentruehl in die gr. Coffre bringen, so müßte es mit großer Behutsamkeit geschehn, die Geige recht fest im Futteral liegen, das Futteral im Coffre zu unterst kommen und nebenzu mit Musik: recht vest und sorgfältig ausgefüllt werden, daß es sich nicht bewegen kann, sonst werden die Musikalien verwetzt elendig verdorben und unbrauchbar gemacht... Wir küssen auch millionenmahl und ich bin der immer zwischen furcht und Hofnung lebende

Mozart

Die Chaise sucht bald zu verkaufen, so gut ihr könnt.«

Jaja – natürlich hatte er recht, der Vater! Wolfgang sah es selber ein, daß in Mannheim die Warterei keinen Sinn mehr hatte. Nun war aber nicht einmal so viel Geld mehr da, die Fahrt zu bezahlen. Auch der Verkauf der Kutsche brachte noch nicht genug ein. So gab es immer mehr Schulden.

Der Vater hatte ihm obendrein gründlich Bescheid gesagt, wie unmöglich, verächtlich und komisch der Gedanke sei, mit der Familie Weber ohne Geld und ohne Ausbildung nach Italien reisen zu wollen – eine Primadonna hören lassen zu wollen, die noch nie im Leben auf der Bühne gestanden habe. Er schrieb ihm zornig:

»Mach dir in Paris Ruhm und Geld, dann kannst du wenn du Geld hast, nach Italien gehn und allda Opern zu schreiben bekommen ... Fort mit dir nach Paris!«

Graues Paris

Seit Mozarts erstem Besuch in der französischen Hauptstadt hatte sich manches geändert. Zwar stand Paris immer noch im Mittelpunkt der Welt, aber die Hochspannung zwischen dem verschwenderisch lebenden Hof und dem notleidenden Volk war inzwischen so groß geworden, daß man die bevorstehende Revolution schon voraussspürte.

Seit 1774 regierte dort der junge König Ludwig XVI. Er machte es nicht besser als seine Vorgänger. Er meinte es gut, aber der

Strom des gewöhnten Luxuslebens riß ihn mit, und aus den geplanten Finanzreformen wurde wieder nichts.

Seine kleine Maria Antoinette hatte nichts von der Größe und Verantwortlichkeit ihrer Mutter Maria Theresia. Sie war immer noch wie ein verspieltes, launenhaftes Kind, dem alles andere wichtiger war als der Staat. Ihre Kleider, ihre Schlösser und Schmucksachen kosteten ungeheuerliche Summen, und der ganze Hof lebte nach ihrem Beispiel. Sie ahnte in ihrem guten Herzen wahrscheinlich nicht, daß Tausende dafür hungern mußten.

Im vorigen Jahre hatte sie der große Bruder Joseph, den sie so liebte, besucht, und das französische Volk staunte diesen Mann an, der als deutscher Kaiser wie ein einfacher Soldat daherkam, und nichts von allem Prunk wissen wollte.

Er wurde sehr, sehr ernst, als er die gefährliche Lage Frankreichs sah. Er nahm die kleine Antoinette fest bei den Händen und sagte traurig:

»Willst du nicht endlich versuchen, eine richtige Königin zu sein? Eine Krone ist kein Spielzeug und kein Schmuckstück – du solltest sie öfter auf dein Lockenköpferl setzen, damit du weißt, wie schwer sie ist – denk' an unsere Mutter – sie war genauso jung und schön und reizend wie du, aber sie dachte niemals an sich selbst ...«

Doch die Schwester schmollte:

»Ach, ich hab' mich so auf dich gefreut, und nun schimpfst du auch noch! Dabei geb' ich mir doch solche Mühe, so schrecklich einfach und natürlich zu sein, wie Rousseau es möchte und Diderot. Soll ich dir meine Sennhütten in Trianon zeigen – es sind echte lebendige Kühe drin und herzige Schafbäzerl – das ist doch bestimmt etwas für dich!«

Da mußte Kaiser Joseph wirklich lachen – es war wohl hoffnungslos: »Deine armen Kühe tun mir leid, die aus Marmorkrippen fressen müssen!«

»Na, und mein Theater? Davon sagst du nichts, daß ich Meister Gluck von Wien weg nach Paris geholt habe – seine ›Iphigenie‹ hat wahre Siegesfeste gefeiert, und wenn Beaumarchais wieder ein neues Stück geschrieben hat, dann spiel' ich die Hauptrolle – ist das am End' gar nix?«

»Solang in deiner Frisur Segelschiffe und Papageien Platz haben, solang unter deinem Reifrock ein halb Dutzend Kinder Versteckerl spielen können, während Frankreichs Volk Not leidet – solang ist das alles nichts. Es wird sich eines Tages rächen. Du solltest dich um wichtigere Dinge kümmern, Antoinette!«

»Um die Erziehung der Bauern- und Handwerkerkinder? Wir haben doch Schulen nach den Ideen von Rousseau, und Klöster...«

»Sorgt lieber mal erst dafür, daß sie satt und gesund sind – dann könnt ihr sie erziehen, meine Liebe!« antwortete der Bruder und reiste unverrichteter Sache wieder ab.

Es war inzwischen nicht anders geworden. Zwar wurde es mit der Zeit modern, sich auch bei Hof manchmal der gemütlicheren Bürgerkleidung zu bedienen, den gewaltigen Umfang der Röcke zu vermindern und die Wespentaille ungesund zu finden. Von England her kamen ländlich-sportliche Gedanken, und so sah Mozart damals in Frankreich sogar Herzoginnen zu Fuß sich fortbewegen, was bei seinem ersten Pariser Besuch noch undenkbar gewesen wäre. O Gott – zu Fuß – nein – das wäre damals wirklich unstandesgemäß gewesen!

Und nun hörte man öfter, daß fürstliche Personen Spaß daran fänden, sich im Wald zu lagern und dort das in Körben mitgebrachte Essen zu verzehren, wie es sonst nur auf Jagden üblich war. Man trug dazu lose fallende Gewänder, offene, natürliche Locken, ein Spazierstöckchen und weiche, absatzlose Schuhe – aber eben nur zur Abwechslung und wenn man Lust dazu hatte.

Und weil man sich doch überall nach den Sitten des französischen Hofes richtete, so mußte Mutter Mozart ausführliche Berichte über all die Neuerungen nach Salzburg schreiben. In den langen, leeren Tagen, wenn Wolfgang fort war, wurden die Briefe ihre einzige Unterhaltung. Das Schreiben und Postkriegen war ihr einziger Trost. Sie berichtete ausführlich von Wolfgangs vielen, vergeblichen Besuchen, von seinen langweiligen Klavierstunden, die er wieder geben mußte, und von der Kälte, unter der sie so litten. All ihr Leid und Heimweh klagte sie nach Salzburg, aber am Schluß solcher Briefe kam doch immer wieder ihr guter Humor durch, der sie nie verlassen hat.

Sie half ihrem Wolfgang, wenn er müde und trostlos heimkam, mit ihren lustigen Salzburger Kinderspäßen – sie tröstete ihn tapfer:

»Wird scho' mal was werden, Wolferl – es pressiert je net!«

»Ach, Mama! Es ist alleweil dasselbe – nix wie leere Komplimenten und Bravo und dann Adieu! Da möcht' man arbeiten, platzt schier vor Verlangen nach einem richtigen großen Auftrag, und derweil raufen sich diese ›Piccinisten‹ und ›Gluckisten‹ umeinander, wie ein Hund um einen Knochen. Wie kann man bloß Musik so gegeneinand abwägen und vergleichen! Laß sie doch beide nebeneinander leben. Die ganze geistige Stadt ist nun in zwei Kriegslager geteilt – für Gluck oder für Piccini, und wer nicht mitgekämpft, hat's gleich mit beiden Parteien verdorben. Ich hab' keine Zeit für so was – möcht' lieber selber etwas schaffen – zum Kuckuck, wenn wenigstens das Quartier hier nicht so armselig und ung'sund wär' – das Essen so mager und teuer dazu!

Arme Mutter, du wärst halt doch g'scheiter in Mannheim umgekehrt, wie wir's vorgehabt haben – aber der Vater traut mir allein ja nicht...«

»Laß nur, Wolferl – 's ist scho besser so! Wennst jetzt ganz alleinig wärst mit all deine Sorgen... vielleicht hilft der Monsieur Grimm doch eines Tags! Damals hat er doch auch alles gemacht.«

»Grimm! Dieser Baron ist hoch da droben – der ist inzwischen ein paar Stafferl höher naufg'stiegen, und jetzt kann er kaum mehr runterschaun auf gewöhnliche Leut. I bin kein Wunderkind mehr, was man auf den Schoß nehmen und streicheln kann, und wenn ich noch als tapferer ›Piccinist‹ an seiner Seiten für die italienische Oper kämpfen tät' – aber statt dessen möcht' ich eine deutsche – denk dir, eine *deutsche* Oper schreiben! G'schieht mir ganz recht!«

Trotz aller Mühseligkeit schaffte Wolfgang aber täglich mit wahrer Arbeitswut. Viele seiner besten Kompositionen entstanden. Kleine Aufträge für den Operndirektor, Monsieur le Gros, machten ihm Freude, heitere Tanzmusik für den Ballettmeister Noverre und Stücke für die Mannheimer Freunde. Da brachte er eben den Beweis, daß die heitere Beschwingtheit seiner Musik kein Rokoko-Leichtsinn war, sondern ein göttlicher Humor aus tiefster Seele, der all den Ärger und die Not des Alltagslebens sieghaft überwinden konnte.

Die Mutter saß zu Haus und wartete, wartete geduldig auf den Sohn. Sie schrieb nach Salzburg und beschrieb ihr Zimmer:

> »... wie in arest, welches nach darzue so dunkel ist, das man den ganzen tag die sohn nicht sehen kann und nicht ein mahl weis, was für ein wetter ist. Mit hartter miehe kan ich bey einen einfahlenten licht etwas weniges stricken. Der eingang und die stiegen ist so öng, das es ohnmöglich wahre, ein Clavier hinauf zu bringen.
>
> Der Wolfgang mues als außer haus bey Monsieur le Gros Componieren, weill dorth ein Clavier ist.
>
> Ich sehe ihme also den ganzen tag nicht und werde das reden Völlig vergessen...«

Dann kamen tausend Grüße an den lieben Mann, das gute Nannerl, die wackere Köchin Thresel und den treuen Hund Bimperl und alle Salzburger Bekannten und Freunde. Ach, sie hatte ja so Heimweh nach ihrer Familie, ihrem Haus, ihrem gewohnten Leben!

Aber nach einigen Wochen fand Wolfgang wenigstens eine bessere Wohnung in der Nähe des Boulevards, wo seine arme Mutter sich etwas wohler fühlte. Er selber arbeitete und arbeitete!

Grimm empfahl ihn zur Duchesse de Chabot. Vielleicht war dort Verdienst?

Aber erst mußte Wolfgang so lange im eiskalten Zimmer warten, bis ihm die Finger erstarrt waren, und als er endlich dann auf einem elenden Piano seine Variationen herunterklopfen durfte, da spielte er vor einem Publikum von Kavalieren, die ihm nicht zuhörten, sondern unbekümmert um seine Musik mit der Duchesse scherzten und plauderten. Er hätte mit den Füßen aufs Klavier trampeln mögen vor Wut, aber aus Rücksicht auf Monsieur Grimm spielte er seine Sache beherrscht herunter.

Eine andere Empfehlung Grimms brachte ihm auch bloß Mühe und Ärger. Er sollte die Tochter des Herzogs von Guines unterrichten. Sie war eine gute Harfenspielerin, aber nun wollte sie zu allem Unglück von Wolfgang das Komponieren lernen.

»Ich geb' mir redliche Mühe«, sagte er zu seiner Mutter, »aber sie ist von Herzen dumm und von Herzen faul!«

Ein schönes Konzert mit Flöte und Harfe für das Zusammenspiel von Vater und Tochter komponierte Wolfgang zum Schluß. Dann kam er heim:

»Wissen S', Mama, was er mir angeboten hat, der noblichte Herzog? Ein Honorar von drei Livres d'or! Ich hab sagen lassen, daß ich ihn nicht berauben wolle, und hab das Geld zurückgeschickt.«

»Du hast recht g'habt, Wolferl! Aber was ist mit deine Mannheimer, die haben doch die besten Beziehungen hier und wollten dir helfen?«

»Ja – die mühen sich redlich, und es gibt ja auch immer kleine Aufträg, aber wenig Verdienst und nichts zu tun, was so richtig Freud macht! Eine große Oper schreiben, wo man zeigen darf, was man kann!

Ich möcht' den Franzosen beibringen, die Teutschen kennen, schätzen und fürchten zu lernen.

Ich kann nicht anders, ich muß eine große Opera oder gar keine schreiben ... Warum gibt man denn auch keinem Franzosen eine große Oper? Warum müssen es denn immer Italiener sein? –

Ich bin bereit! Ich fange keine Händel an. Fordert man mich aber heraus, so werde ich zu kämpfen wissen. Wenn es aber ohne Duell abläuft, so wär' es mir lieber. Denn ich rauf' nicht gern mit Zwergen.«

Aber Paris nahm sich keine Zeit für einen deutschen Komponisten – es hatte andere »Attraktionen«.

Eben hielt Voltaire, der greise Spötter, dessen Bücher man grade noch verbrannte, weil er sich gegen Staat und Kirche auflehnte, seinen Einzug in die Stadt wie ein Sieger. Da standen die Damen und Kavaliere der feinen Gesellschaft dicht neben Fischweibern und Handwerkern – Tausende riefen ihm zu, der aus seiner Kalesche im roten, pelzbesetzten Samtrock und Spitzenmanschetten gnädig winkte. Im Theater der Nation wurde ihm ein jubelnder Empfang zuteil, der die höchsten Majestäten beschämen konnte; Blumenregen, Fackelzüge und das Tosen der Menge wollte kein Ende nehmen, nur der König empfing den eitlen Geistesfürsten nicht. Der haßte die gefährliche, höhnische Sprache des alten Philosophen und hätte ihn gern erinnert, daß er doch aus seinem Vaterland Frankreich ausgewiesen sei, aber so weit reichte seine Macht schon nicht mehr.

Wolfgang Mozart entsetzte sich an solchem Trubel – es war wie ein Tanz auf dem Vulkan.

Nun war seine Mutter auch noch wieder kränker geworden. Sie hatte sich in der ersten Wohnung zu sehr verdorben. Wolfgangs Freunde, der Mannheimer Sänger Raaff und der Musiker Heina, besuchten sie öfter in ihrer Einsamkeit, und ihre schönsten Stunden waren, wenn Raaff ihr etwas vorsang. Davon berichtete sie glücklich nach Salzburg, aber mit der Zeit wurden ihre Briefe kürzer – die Augen und Arme schmerzten zu sehr. Es war so schlimm für Wolfgang, daß sie nun bettlägerig wurde. Er konnte doch nicht bei ihr bleiben und hatte ihr so wenig Tröstliches zu erzählen, wenn er abgerackert heimkam.

»Glauben S' mir, Mama, ich bete jeden Tag zu Gott, daß er mir die Kraft geben möge, hier auszuhalten ... das Blatt muß sich ja doch einmal wenden!« sagte er.

Dabei waren seine Gedanken noch in ständiger Sorge bei der Freundin Luise Weber und ihrer Familie.

Er schrieb ihr:

»Meine Seele ist voll Unruhe. Ich will erst ruhig sein, bis ich die tröstliche Gewißheit habe, daß Ihnen die verdiente Gerechtigkeit zuteil geworden ist.

Ganz selig aber werde ich erst an dem Tag sein, an dem ich die höchste Freude erlebe, Sie wiederzusehen und von ganzem Herzen zu umarmen. Aber das ist auch alles, was ich ersehnen und wünschen darf. Und nur in dieser Zukunftshoffnung liegt mein einziger Trost und meine Ruhe.«

In den folgenden Tagen aber war's mit Wolfgangs ganzer Schaffenskraft vorbei – er ging herum, als ob er gar keinen Kopf hätte.

Die Mutter wurde schwächer und schwächer! Nur mit Mühe ließ sie sich überreden, einen deutschen Arzt zu holen. Zu einem Franzosen hatte sie kein Vertrauen. Es war wenig Hoffnung!

Und an demselben Tage, an dem Wolfgang seinen ersten Theatererfolg mit der ›Pariser Symphonie‹ feiern konnte, löschte das selbstlose, stille Leben seiner geliebten Mutter aus wie ein Licht.

»Dies war der traurigste Tag in meinem Leben«,

schrieb der verzweifelte Sohn noch in derselben Nacht an den Freund Abbé Bullinger nach Salzburg, und setzte hinzu:

»Ich bitte sie unterdessen um nichts, als um das Freundstück, daß sie meinen armen Vater ganz sachte zu dieser traurigen nachricht bereiten – ich habe ihm mit der nehmlichen Post geschrieben – aber nur, daß sie schwer krank ist... Ich bitte sie also, bester freund, erhalten sie mir meinen vatter, sprechen sie ihm muth zu daß er es nicht gar zu schwer und hart nimmt, wenn er das ärgste erst hören wird. Meine Schwester empfehle ich ihnen auch von ganzem herzen...«

Der arme Vater! Wolfgang wußte, was diese Nachricht für ihn bedeuten würde. Wie glücklich hatten die Eltern zusammen gelebt, niemals hatte Wolfgang ein Wort des Streites oder der Ungeduld gehört – einer war nur immer in steter Fürsorge für den andern gewesen, und es war bestimmt das größte Opfer für beide, daß die Mutter diese Reise mit Wolfgang gemacht hatte. Und nun sollten sie sich nie wiedersehen!

»Mutter! Liebe, liebe, gute Mutter – nie mehr wiederseh'n!« flüsterte Wolfgang an ihrem Totenbett. »Mutter – deine fröhliche

Stimme sollen wir nie mehr hören? Hast du gewußt, wie sehr ich dich lieb gehabt hab'? Ich hab' mich in letzter Zeit so wenig um dich bekümmert, aber du warst immer gleich gut zu mir ... Du warst immer meine Zuflucht hier in Paris ... jetzt ist alles grau und trostlos ... was soll bloß werden? Ach, Mutter, wenn du mich jetzt weinen seh'n würdest, dann tätst du sicher bissel schimpfen und tätst sagen: ›Denk an den Vater, Wolferl – ans Nannerl – die brauchen dich jetzt so nötig – sie hoffen auf dich, leben für dich. Sie arbeiten und sparen, damit du etwas Großes werden kannst!‹«

... Ja, arbeiten, arbeiten – das war das beste – nicht so viel grübeln!

Und seine Musik war das einzige, was Wolfgang aufrichten konnte, und das Pflichtbewußtsein, Vater und Schwester stützen zu müssen.

Melchior Grimm, der ihn immer gern wie ein unmündiges Kind behandelte, gefiel sich in der gutmütigen Geste, ihn nun väterlich ins Haus zu nehmen. Gönnerhaft lieh er Wolfgang bröckelweise fünfzehn Louisd'or. In seiner großen Einsamkeit und Trauer entstanden nun die wundervollsten Kompositionen. In der Fremdheit des Pariser Lebens wurde er deutscher und männlicher, als er bisher war. An den Vater ging ein Brief:

> »Was mich aber am meisten aufrichtet und guten Muts erhält, ist der Gedanke, daß ich ein ehrlicher Teutscher bin und daß ich, wenn ich schon allzeit nicht reden darf, doch wenigstens denken darf, was ich will.«

Ein Lichtblick in den trüben Pariser Tagen war Wolfgang der Besuch Christian Bachs. Er hatte nie vergessen, wieviel er in den Londoner Tagen bei ihm gelernt und daß Bachs glänzende, heiter elegante und doch so innige Kunst immer wieder in ihm nachklang. Am 27. August 1778 schreibt er nach Salzburg:

> »Mon très chèr Père!
> In größter Eile schreibe ich ihnen – sie sehn, daß ich nicht in Paris bin – – Mr. Bach von London ist schon 14 Tage hier – er wird eine französische Opera schreiben – er ist nur hier die sänger zu hören, dann geht er nach London, schreibt sie und kommt sie in scena zu setzen; – seine freude und meine freude als wir uns wiedersahen, können sie sich leicht vorstellen ...«

Vater und Sohn suchten sich gegenseitig zu helfen. Beide hofften wieder auf Karl Theodor, der seinen Mannheimer Musikstab nach München übersiedelt hatte. Vielleicht konnte auch die junge Weberin mit ihrer guten Stimme dort ankommen, und dann würde Wolfgang wohl alles versuchen, auch sein Glück in ihrer Nähe zu finden.

Dem Vater war's recht, aber vorsichtig, wie er war, hielt er gleich zwei Eisen im Feuer. Er ließ sich von Padre Martini aus Bologna ein Empfehlungsschreiben für den Kurfürsten schicken und bemühte sich gleichzeitig für Wolfgang, die inzwischen freigewordene Hoforganistenstelle in Salzburg zu bekommen.

Wolfgang sträubte sich, wieder nach Salzburg zu gehen, wo er vielleicht noch wie ein reuiger Sünder aufgenommen würde. Er schrieb an den Freund Bullinger:

>»Sie wissen, bester Freund, wie mir Salzburg verhaßt ist! – nicht allein wegen der Ungerechtigkeiten, die mein lieber vatter und ich alldort ausgestanden, welches schon genug wäre, um so ein ort ganz zu vergessen, und ganz aus den gedanken zu vertilgen! aber lassen wir nun alles gut sein – es soll sich alles so schicken, daß wir gut leben können; – gut leben und vergnügt leben, ist zweyerlei ... sie werden mich vielleicht unrecht verstehn und glauben Salzburg seye mir zu klein? – da würden sie sich betrügen ... unterdessen begnügen sie sich auch damit, daß Salzburg kein Ort für mein talent ist! Erstens sind die Leute von der Musick in kleinem ansehen und zweytens hört man nichts; es ist kein theater da, keine opera! – wenn man auch wirklich eine spiellen wollte, wer würde denn singen?«

Mit Grimm gab es immer mehr Ärger. Immer wieder mußte sich Wolfgang seine Geschäftsuntüchtigkeit vorwerfen lassen:

»Hätten Sie nur halb so viel Talent und doppelt so viel Gewandtheit, so wär' mir um Ihr Glück nicht bange!«

Der Erzbischof in Salzburg zeigte sich nicht abgeneigt, den jungen Mozart wieder in Gnaden aufzunehmen. Daß er ihm mehr Freiheit versprach, ihn wegreisen lassen wollte, wenn er anderswo eine Oper schreiben möchte, daß der Vater ihm sogar anbot, sich für Luise Weber einzusetzen – das brachte Wolfgang doch dazu, sich für Salzburg zu entscheiden.

Wenn seine liebe Luise dort als Sängerin ankäme und er dort ein festes Gehalt hätte, dann, ja dann könnte er sie doch bald als seine Frau heimführen, und die Einsamkeit hätte ein Ende!

Einsame Heimfahrt und Enttäuschung

Wolfgang hoffte nun, ein solches hübsches »Capriolet« für seine Reise zu bekommen, wie sie seit neuestem üblich waren – ein leichtes, zweirädriges Fahrzeug, in dem höchstens zwei Personen drin sitzen konnten, wenn sie nicht zu dick waren. Statt dessen hatte er das Pech, eine entsetzlich langweilige Kutsche zu erwischen, die keine Pferde unterwegs wechselte und deshalb ganze zwölf Tage von Paris bis Straßburg brauchte.

Lange machte er diese grausame Wackelei nicht mit. Die Anstrengung war zu groß für ihn, meist um 3 oder 4 Uhr früh schon loszufahren, zweimal mußte er bereits um 1 Uhr nachts aufstehen, und obendrein hatte er noch die abscheuliche Traurigkeit im Herzen, daß seine Luise mit ihrer Familie nun bereits Stellung in München gefunden hatte. Sicher hatten seine ständigen Bitten auch etwas dazu beigetragen, daß die kleine Weberin jetzt am Münchener Hoftheater singen durfte, und er gönnte es ihr, ja – er freute sich für sie und die Familie, daß es allen jetzt gut ging. Aber für ihn, den armen, stellungslosen Musiker, war es bitter, sie in München zu wissen, wogegen er sich für Salzburg verpflichtet hatte. Jetzt war keine Aussicht mehr, daß sie jemals auch dorthin kommen würde. Wieviel lieber ginge er auch an den bayrischen Hof!

Er schrieb unglücklich an den Vater:

> »Allerliebster vatter! Ich muß es ihnen bekennen, wenn es nicht wäre um das Vergnügen zu haben, Sie beyde wiederzusehn, ich gewis nicht nach Salzburg käme. Denn – diesen löblichen und wahren, schönen trieb ausgenommen thue ich wahrhaftig die größte Narrheit der Welt!«

Nachdem er endlich in eine schnellere Kutsche umgestiegen war, landete er müde und zerschlagen in Straßburg. Das geliehene Geld Monsieur Grimms war aufgebraucht. Er mußte sehen, hier etwas für die weitere Heimreise zu verdienen. Über vierzehn Tage war er nun schon im Elsaß, aber mit dem Verdienst wurde es nichts. Seine Konzerte brachten knapp so viel ein, wie er zum täglichen Leben brauchte, und so mußte er wieder Geld leihen für die Weiterreise. Der Vater hoffte ihn nun bald zu Hause zu haben und konnte sich nur schwer von dem Schrecken erholen, als er unvermutet einen Brief aus Mannheim von Wolfgang bekam.

Aus Mannheim, das gar nicht auf der Strecke lag und wo er durchaus nichts zu suchen hatte!

Wolfgang aber war glücklich dort! Seine Freunde begrüßten ihn freudig. Er wohnte bei Direktor Cannabich, und bald war die Traurigkeit der düsteren Pariser Erinnerungen wie weggeblasen – alle Hoffnungslosigkeit verschwunden und neuer Lebensmut erwacht!

»Gott Lob und Dank, daß ich wieder in meinem lieben Mannheim bin!« rief er wie erlöst aus.

»Ja, und wir freuen uns, unseren lieben Mozart wieder zu haben!« lachte Cannabich, und Wolfgang strahlte:

»Seh'n Sie – so wie ich Mannheim liebe, so liebt Mannheim mich auch, das ist so schön!«

Mutter Cannabich kochte indessen die besten Sachen für ihren jungen Musiker und meinte verschmitzt: »Gell, jetzt fehlt bloß noch die kleine Sängerin aus München, da wär' das Herz erst ganz zufrieden?«

Und Wolfgang gestand: »Ja, aber dann könnt' mir mein armer Vater leid tun, denn aus dem Erzbischof würde auf diese Weis' bestimmt nix!«

»Nein, das wohl nicht, aber wenn Sie nun doch eines Tages hier angestellt würden?«

»Da wär mein höchstes Glück! Wer weiß – lang wird es der Kurfürst bei den groben Bayern doch wohl nicht aushalten, und schließlich hat er doch schon die Gründung des Mannheimer Nationaltheaters angeordnet. Da sollte es doch genug Arbeit für mich geben«, meinte Mozart.

Und Cannabich begeisterte sich: »Wir wollen doch das Neueste und Beste bringen – mein Gott – ein Musiker wie Sie fehlt uns doch nur! Die Spielzeit ist mit ›Hamlet‹ eröffnet. Morgen können Sie Goldonis ›Verstellte Kranke‹ sehen und nächste Woche Diderots ›Hausvater‹.«

»Ja, Diderot macht in Paris auch Revolution mit seinen neuen Gedanken.«

Die Tage Mozarts in Mannheim waren ausgefüllt mit Musik und Theater, Theater und Musik. Die Melodramen Georg Bendas begeisterten Wolfgang und feuerten ihn an. Nachdem er ›Medea‹ und ›Ariadne auf Naxos‹ gesehen hatte, sagte er zu Cannabich:

»Diese Art, Dramen zu schreiben, habe ich mir immer gewünscht. Ich hab' mir nur immer eingebildet, daß sowas keinen Effekt machen würde. Dabei hat man mich heut direkt gebeten, für Mannheim auch ein solches Werk zu schreiben!«

Sofort war seine Arbeitsfreude geweckt. Er fing augenblicklich mit den Entwürfen zu einem Duodrama an und hoffte auf das Verständnis seines Vaters.

Die Antwort auf seinen Begeisterung flammenden Brief war aber:

».. . beim Empfang dieses wirst du abreisen!«

Und so packte er denn als gehorsamer Sohn auch wirklich seine Koffer, und nur der Gedanke, auf der Heimreise nach München zu kommen, tröstete ihn etwas.

Er hatte für seine geliebte Luise als Brautgeschenk die Arie ›Popoli di Tessaglia‹ in der Tasche und freute sich unendlich auf das Wiedersehen! Ja, er konnte es doch wagen, sich jetzt mit ihr zu verloben, wenn er einstweilen brav in Salzburg seine Stelle annahm und vielleicht später mit ihr zusammen an einen Hof berufen würde. Keinesfalls durfte sie ihre Laufbahn als Künstlerin seinetwegen aufgeben! Im Gegenteil, er wollte sie stützen, sie weiterbringen und mit ihr zusammen arbeiten. Kann man sich eine schönere Ehe denken, als wenn beide so gleiche Neigungen haben und sich in allem verstehen? Sie waren ja noch so jung! Die Welt stand ihnen offen, und der Verdienst würde ganz von selber kommen.

Der erste Weg in München war zu Webers.

Als er die Kaufinger Straße herunterkam und zum schönen Turm hinaufschaute, da stand die Wetterkugel mit der blauen Seite nach außen ... auf schlecht – wieso schlecht? Die Sonne schien doch aus allen Löchern, und die Berge waren in dunstiger Ferne kaum zu sehen! Ob das etwas Schlechtes bedeutete? Ach, Blödsinn – Schlimmes konnte Wolfgang doch an diesem Tage nicht passieren!

Es war der erste Weihnachtstag und alles in so freudig festlicher Stimmung. Wolfgang trug sein Herz auf den Händen, als er seinem geliebten Mädel entgegenkam – er wollte sie in die Arme nehmen – – wie hatte er sich diesen Augenblick herbeigesehnt in den einsamen, kalten Pariser Tagen! Und nun? Luise stand ihm kühl und verächtlich gegenüber – mit spöttischem Primadonnenlächeln wies sie ihn ab und fragte:

»Was hat Er bloß für komische schwarze Trauerknöpfe an seinem roten Musikantenfrack? Ist das bei Maria Antoinette so Mode?«

Dann raffte sie ihr spitzenreiches Gewand und ließ ihn allein mitten im Zimmer stehen.

Ja so – sie war nun kein armes Mädchen mehr, sondern eine gefeierte und bezahlte Hofsängerin, die einen stellungslosen Kapellmeister mit abgewetzten Hosen nicht mehr anschaute!

Wolfgang war wie betäubt! Er konnte diese Wandlung überhaupt nicht fassen. Es war die größte Enttäuschung seines Lebens. Wie hatte er dieses Mädchen angebetet, und nun war sie ein oberflächliches eigensüchtiges Ding. Niemals durfte sie merken, wie tief sie ihn verwundet hatte! Sie würde nur spotten und ihn verlachen mit seinem guten, gläubigen Herzen. Sie wußte es nicht zu schätzen, daß er ihr seine treue Liebe im leichtlebigen, verrufenen Paris bewahrt hatte, wo manches Frauenherz ihm liebenswürdiger begegnet wäre. Aber er hatte keine andere angeschaut und nur an seine Luise gedacht.

Jetzt setzte er sich mit heiligem Zorn ans Klavier und spielte sich die unbändige Wut vom Leibe, die ihn fast verbrennen wollte.

»Soll sie mir am Hut hinaufsteigen, wenn sie mich nicht mag!« rief er, und möchte wirklich so leicht darüber denken können, wie er nun schauspielerte. Daheim bei Wendlings brach er weinend zusammen. Die für den Kurfürsten geplante Messe blieb ungeschrieben.

Einen Brief – einen flehentlichen Hilferuf schrieb Wolfgang nun nach Augsburg an den lustigen Kameraden besserer Tage, an das treue Bäsle, der er schon eine Rolle beim Münchener Theater versprochen hatte. Nun war es eine andere Rolle, die sie spielen sollte. Die selbstlose, tapfere Rolle eines tröstenden Freundes. Leicht war es bestimmt nicht für sie, die ihren Vetter Wolfgang selber so innig liebte. Wie beneidete sie die eitle, berechnende Luise Weber um seine Liebe! Aber sie ließ sich nichts merken. Sie kam und half über die traurigsten Tage hinweg. Vielleicht hoffte sie ein kleines bißchen, ihn dabei zu gewinnen?

Liebe zu München

Das gesunde, lustig-grobe Wesen des »Bäsle« tat dem tief enttäuschten und verzweifelten Wolfgang gut wie ein erfrischender Morgenspaziergang.

»Bist halt a feiner Kerl! I glaub, daß i furchtbar lästig bin mit meine Launen – gell? I tät's net so geduldig aushalten bei jemand, wie ich bin!« sagte er zu dem Mädchen.

»Aber gell – du fahrst noch mit mir nach Salzburg zum Vater? Weißt – mir graust's so vor der Rückkehr – du kennst ja die Kleinstädter! Ach, da hocken sie hinter ihren Gardinen und äugen in den Fensterspiegel.

›Da is er wieder – schaugt's den an! Ja, ja, so großkopfert is er wegg'fahrn und jetzt kommt er z'ruck, wie an verlorener Sohn – die arme Mutter, die hat er sterben und verderben lassen in dem Paris – aber mei, Salzburg war ja net groß genug – jetzt darf er froh sei' wan ihn der Erzbischof wieder nimmt ...‹

So reden sie dann, meine lieben Salzburger – weißt – wir wollen uns nix merken lassen und recht vergnügt sein – gell, Bäsle?«

Da lachte das Bäsle: »Das schaffe mir scho! Derfst ja auch den

Vater und die brave Schwester net zu arg enttäuschen. Die habe so sehnsüchtig auf dich g'wartet und alles für dich getan!«

Jegliche Liebe und Sorgfalt eines mütterlichen Haushalts erwartete ihn, und sie taten, was in ihren Kräften stand, ihn alles Schwere vergessen zu machen. Nannerl führte den Haushalt, wie sie's von der Mutter gelernt hatte, und erdachte sich mit Hilfe der tüchtigen Köchin Thresel alle Genüsse der österreichischen Küche für den brüderlichen Magen. Es rührte ihn, zu sehen, wie auch der Vater die geheimsten Wünsche erriet und erfüllte, damit er sich recht heimisch fühlen und nicht mehr daran denken sollte, Salzburg wieder zu verlassen.

»Schaun S' Wolferl – extra für Sie!« rief die Thresel und zeigte auf die fetten Kapaune im Hühnerstall.

»... und wissen S' scho, daß ganz Salzburg auf Sie g'wartet hat?«

»Oho – ganz Salzburg! Mit wos nacha?« fragte Wolfgang erstaunt.

»Mit 'm Pölzelschießen! Eigens schöne Schießscheiben haben's mal'n lassen. Alleweil verschoben und verschoben haben sie's vom Herbst bis jetzt, und da war's aber auch Zeit, daß er endlich kommen is, der Wolferl – weil der Bürgermeister scho' g'sagt hat ... wann er jetzt net bald kommt – mach' ma's ohne den Mozart, sonst is wieder Herbst!«

Aber auch die lustigsten Faschingsbälle, die er mit dem Bäsle besuchte, die narrischsten Komödien zerstreuten die finsteren Gedanken des jungen Mozart nicht. Er blieb verschreckt und fast feindselig! Das Bäsle reiste nach einigen Wochen etwas traurig ab und alle Bekannten mühten sich jetzt um so liebevoller um ihn, aber er suchte die Einsamkeit und zog sich mit seiner Arbeit zurück.

Mancher schadenfrohe Salzburger Bürger grinste jetzt und gönnte ihm herzlich seine Niederlage. Auch der Erzbischof war kein anderer geworden. Er genoß den Triumph der Rückkehr seines eigenwilligen Musikers und nutzte dessen unerschöpfliche Arbeitskraft nach Noten aus.

Wolfgang schaffte im wahren Zorn die besten Kompositionen. Nie merkte man ihm an, wenn er innerlich die größten Sachen verarbeitete. Im Gegenteil, er zeigte sich in solchen Zeiten oft saugrob oder kindisch albern. Er ging gern ein »Punscherl« trinken und sang mit den Studenten im Kaffeehaus die närrischsten Kanons oder spielte mit Leidenschaft Billard – dann konnte er sich manchmal mitten im gröbsten Lärm am Biertisch plötzlich hinsetzen und die innigsten, zartesten, frömmsten Melodien auf irgendeinen Fetzen Papier malen.

Von zwei Messen war die ›Krönungsmesse‹ besonders gut geraten. Neben seiner Kirchenmusik trug er ständig dramatische Ideen mit sich herum, die durch Gastspiele am städtischen Theater immer aufs neue angeregt wurden.

Gotthold Ephraim Lessing hatte ›Minna von Barnhelm‹ für die deutschen Bühnen geschrieben. Wolfgang sah das Stück von der österreichischen Spieltruppe Böhm auf dem Hannibalplatz. Begeistert kam er nach Hause: »Das hat nichts mehr zu tun mit italienischer, französischer oder englischer Kunst – das ist einfach deutsch, wagt es, deutsch zu sein, und hat sich trotzdem durchgesetzt!«

»Ja«, sagte der Vater. »Ich hab' davon gehört – es spielt doch sogar in Deutschland und die Menschen reden keine Theatersprache – reden und handeln wie du oder ich – ist das nicht so?«

Und Wolfgang nickte: »Dabei ist das Ganze so gescheit und klar ausgedacht und bei aller Lustigkeit noch ernst genug, daß man lange drüber nachdenken kann.«

Bis in die Mauern des stillen bischöflichen Salzburg strömte nun der Geist der neuen Zeit, die ein Höhepunkt deutschen Schaffens wurde.

Bald löste Emanuel Schickaneder die Spieltruppe am städtischen Theater ab. Auch er gab deutsche Stücke – Schauspiele und Opern.

Er war selbst ein guter Schauspieler, aber auch ein guter Geschäftsmann, der Erfolge hatte mit allem, was er anfing. Freudig spannte er Wolfgang Mozart zur Mitarbeit ein.

Das war etwas für Schickaneder! Ein solches Talent – das mußte gestützt werden, und bald wurde eine große Freundschaft zwischen den beiden, die Wolfgang später in Wien noch sehr nützlich war. Sogar der zurückhaltende, mißtrauische Vater Leopold schätzte den Schauspieldirektor sehr, und man verbrachte viele gesellige Abende zusammen.

Bald kamen Schickaneders in Mozarts Haus zu Gast, wo im großen Musiksaal mit Zimmerstutzen »Pölzelschießen« war, und Wolfgang verstand es gut »ins Schwarze zu treffen«; oft aber saß auch Familie Mozart in der Direktorenloge des Theaters, zu der sie jederzeit freien Zutritt hatten.

Im Peterskeller trank Wolfgang gern ein Viertele mit seinem Freund und Gönner, und man konnte oft genug sehen, wie sie die Gläser aneinanderklingen ließen auf das Wohl eines neuen Stückkes – auf das Wohl der deutschen Kunst!

Und die Oper lag Mozart am meisten am Herzen: »Jede Nation hat doch ihre Oper, warum sollen wir Deutsche sie denn nicht haben?« rief Wolfgang und glühte vor Eifer.

Eines Tages aber schwenkte Wolfgang glückstrahlend ein versiegeltes Schreiben des Kurfürsten aus München: »Nannerl, Threserl, Papa! Ein Auftrag, ein Auftrag! Eine richtige große Oper für den nächsten Münchner Fasching!«

»Net möglich – zeig her! Was für ein Text?«

»Ja der Stoff is a bissel schwierig scheint's – der muß umgearbeitet werden, daß er auf die Bühne paßt.

Aber das is ja ganz wurscht – i komponier ja net nach dem Wort – des is ja meistens ein Schmarrn, wenn's net grad vom Metastasio stammt ... der Charakter is die Hauptsach – wenn die Leut in dem Stück einen Charakter haben, dann kann i loslegen – ein Held, ein Schuft, ein Liebchen, ein Grobian, ein Hanswurscht, eine Königin – was drin vorkommt, is ganz gleich – ihr Charakter wird Musik – je vielseitiger, desto besser kann man sich austoben.«

Der Salzburger Hofkaplan Varesco gestaltete nun die fünfaktige Tragödie ›Idomeneo‹ zu einem dreiaktigen Stück mit glücklichem Ausgang um. Nach italienischem Geschmack mußte damals alles gut enden.

In dem Urtext gelobt der Kreterkönig Idomeneus auf der Rückfahrt von Trojas Zerstörung in höchster Seenot dem Meeresgotte Poseidon ein Opfer. Er verspricht, wenn er glücklich landet, den ersten Menschen, der ihm begegnet, zu töten. Da dieser erste Mensch zum Unglück sein eigener Sohn Idamantes ist, versucht er, Poseidon zu überlisten. Der aber schlägt Idomeneo mit Wahnsinn, so daß er, von dunkler Macht gezwungen, nun doch seinen Sohn erschlägt. Ilia, die Braut Idamantes, verübt Selbstmord.

Varesco aber dichtet diesen tragischen Ausgang in einen glücklichen um und läßt es nicht zum Mord kommen. Der erzürnte Gott verzeiht. Idamantes wird König und Ilia seine Königin.

Wolfgang Mozart gab sich nun mit Feuereifer der Arbeit hin. Bereits nach vier Wochen hatte er eine Unmenge Skizzen und fertige Teile der Oper beisammen, und der Bischof mußte mit sauersüßer Miene sein Versprechen halten und ihn nach München ziehen lassen. Auch der Vater hatte nichts gegen die Reise einzuwenden, nachdem die »Weberischen« seit einiger Zeit allesamt nach Wien gezogen waren.

Wolfgangs Luise heiratete dort den Hofschauspieler Lange und machte sich bald mit ihrer Stimme und Schauspielkunst einen großen Namen, aber sie sah jetzt nimmer so spöttisch auf den kleinen Komponisten herab, der ihre erste Liebe gewesen war.

Wolfgang war auch froh, sie nicht mehr in München zu wissen, und so reiste er vergnügt aus Salzburg fort. Die Kutschfahrt war alles andere als gemütlich – die Polster durchgesessen, die Straßen steinig, so daß Wolfgang die längste Zeit aus dem Schimpfen nicht herauskam. Er schrieb dem Vater lustig, nachdem er »zwei ganze Posten die Hände auf das Polster gestützt und den Hintern in Lüften haltend« gefahren war, daß er ein andermal lieber zu Fuß ginge.

»Ich bin so glücklich wie seit langem nicht mehr!« sagte er zu Wendlings. Im zweiten Stock des »Sonnenecks« in der Burgstraße hatte er ein schönes, großes Zimmer, und es kam ein herrliches Zusammenarbeiten von Künstlern und Intendanten. In den Schauspielern und Musikern fand Wolfgang fast alle seine Mannheimer Freunde wieder.

Fast wäre aber im letzten Augenblick noch alles wieder abgeblasen worden. Mitte November kam die Trauerbotschaft aus Wien: »Maria Theresia ist tot!« Ein Land trauerte ehrlich um seine geliebte mütterliche und tatkräftige Regentin.

Aber es erfolgte für München kein Karnevalsverbot, und so konnte weiter an der großen Oper geschafft werden.

Bloß um den schwarzen Rock mußte Wolfgang den Vater nun bitten, denn er wollte sich nicht gern auslachen lassen, wenn hier alles in Trauer ging. Das dauerte aber ein bißchen lange, bis der kam, denn er mußte noch sehr geflickt werden, und wie er glücklich in München landete und Mozart stolz damit bei Wendlings erschien, da packten die Frauen ihn gleich und gingen ihm mit Wasser, Seife und Bürste zuleib, denn er war voller Flecken.

»Man merkt halt überall, daß die Mutter fehlt«, seufzte Wolfgang, »aber wenigstens hat der Vater doch auch gleich die Trompeten mitgeschickt, um die ich ihn gebeten hab'! Jetzt kann's also weitergeh'n.«

»Und die Schiffbruchszene, wie ist das damit nun?« fragte Cannabich, denn er wußte, daß Wolfgang den Text schon etliche Male zum Ändern nach Salzburg gesandt hatte. Vater Leopold mühte sich um die schwere Aufgabe, zwischen dem Komponisten, den Schauspielern und Musikern in München und dem Schriftsteller Varesco in Salzburg zu vermitteln. Er tat es mit einem solchen Eifer, als ob er allein die Verantwortung für die ganze Oper hätte, und lebte sich ganz in die Arbeit des Sohnes hinein.

Dieser leidige Schiffbruch! Wolfgang raufte sich die Haare:

»Wenn alles richtig gemacht wird, dann kann es die schönste Stelle werden. Wenn aber nur ein Tipferl falsch ist, dann müssen die Leut grad 'nauslachen!«

»Dann lassen wir halt das Schiff ganz weg und machen den Vorhang erst nach dem Schiffbruch auf, der ja im Orchester musikalisch dargestellt wird!« meinte einer.

»Ach, einen Schmarrn, das Schiff is doch grad fein! Das wird der Quaglio mit seiner Dekoration schon machen. Es muß eine Felsenküste sein – Sturmesmusik und Krachen und dann ein prächtiger Schiffsbug und zerrissene Segel. Der Idomeneo kann doch net ohne Schiff allein im Hemd daherg'schwommen kommen – da müßt er ja mindestens tropfnaß sein, und der Raaff tät' sich für die Rolle bedanken!« ereiferte sich Mozart und erklärte weiter:

»Man muß doch alleweil ihm den König noch anerkennen – der kann nicht ohne irgendein Gefolge auftreten – das zertrümmerte Schiff denk' ich mir fein im Hintergrund.«

Aber da wendete jemand ein: »Und wo soll dann das Gefolge hinverschwinden? Bei der Arie muß er doch allein sein – man kann doch nicht immerzu Chöre bringen!«

»Freilich net – da sagt er halt – sie sollen sich schwingen, das ist in dem Moment doch ganz verständlich, wenn er allein sein will, wo er doch noch gar nicht weiß, was nun passiert und wer der Unglückliche ist, der ihm als erster begegnet. Der ganze Schwur ist ihm doch jetzt gereut, wo er mit heile Knochen daheim ist. Dann tritt also Idamantes auf die Bühne und bietet dem schiffbrüchigen Fremden seine Hilfe an...«

»Und kennt seinen eigenen Herrn Papa net amal«, brummte einer der Musiker.

»No, wenn er doch a kleiner Bub war, wie der Vater in 'n Krieg g'fahrn is!«

»Ja so!«

Und Wolfgang stöhnte:

»Viel mehr Kummer macht's mir, daß der Malefitzbub, der den Idamantes spiel'n soll, doch gar nix kann. Er hat noch nie auf der Bühne g'standen und ist störrischer als das kleinste Ballettmadel. Jedes Wort muß man ihm eintrichtern, wie in der Schul!«

Cannabich lachte:

»Ja, was der Bub zu jung ist, das ist der königliche Papa zu alt – gell, Mozart?«

Der nickte:

»Natürlich, der Raaff ist am End! Er war mal ein Großer, aber jetzt wirkt er schon fast komisch mit seiner Vorliebe für die g'schnittnen Nudeln!«

»G'schnittne Nudeln« hießen sie am Theater die vielen übertriebenen Koloraturen, die jetzt altmodisch wurden. Aber da kam Freund Raaff selbst zur Tür herein und hatte wahrhaftig schon wieder eine Bitte um Änderung seiner Arie.

»Sie wissen doch, lieber Mozart – die andre Arie, in die bin ich so verliebt, daß ich sie morgens früh im Bett schon sing, aber hier möchte ich eine Kleinigkeit . . .«

Er kam aber nicht dazu, fertigzureden, denn dem Komponisten riß die Geduld:

»Liebster Freund, wenn ich nur eine Note wüßte, die in diesem Quartetto zu ändern wäre, so würde ich es gleich tun, allein ich bin noch mit keiner Sache in dieser Oper so zufrieden gewesen. Ich hab mir bei Ihren zwei Arien alle Mühe gegeben, Sie recht zu bedienen, werde es auch in der dritten tun. Aber was Terzetten und Quartetten anbelangt, da muß man dem Kompositeur seinen freien Willen lassen!«

An den weiblichen Rollen hatte Wolfgang mehr Freude. Dorothea und Liesel Wendling spielten und sangen ausgezeichnet und waren von ihren Arien begeistert.

Mozart betätigte sich hingebend als Spielleiter und Musiker, obwohl er vor Schnupfen fast zu zerfließen drohte. Er war bis ins kleinste mit jedem Teil der Ausstattung vertraut, kannte die Möglichkeiten der Schauspieler, des Orchesters, der Bühne und der Ausstattung. Er sah seine schwierigen Aufgaben bei den Massenszenen, großen Chören und Balletteinlagen. Es war oft kein Leichtes, diese Menge Menschen auf der Bühne zu bändigen.

»Die Rede der unterirdischen Stimme ist zu lang!« beanstandete er eines Tages. »Wie Ilia zum Altar läuft, um sich selbst statt Idamantes dem Gott als Opfer anzubieten – wie der Königsohn sie zurückhält, das muß alles sehr lebhaft gespielt und gesungen werden! Dann kommt das Gelärm und die Stimme des verzeihenden Poseidons mit Donner und Blitz angekündigt – dann muß das Orchester schweigen und die unterirdische Antwort von drei Posaunen und zwei Waldhörnern begleitet werden. Wenn die Rede zu lang ist, dann geht die ganze Wirkung zum Teufel!«

Bei den Proben war der Kurfürst oft dabei. Er zeigte sich freundlich interessiert und verständnisvoll. Die Hauptprobe fand in einem Saal des Hofs statt, und am Schluß sprang der Fürst begeistert auf, nahm Wolfgang am Kragen und sagte:

»Diese Oper wird charmant werden. – Er wird gewiß Ehre davon haben! Besonders der dritte Akt – alle Achtung, Mozart!«

Der strahlte: »Ja, das war aber auch das schwerste, und mir waren am End Kopf und Händ so voll davon, daß ich bald selbst zum dritten Akt geworden bin!«

›Idomeneo‹ wurde Mozarts Prachtstück einer »Opera seria« und kam an seinem 25. Geburtstag, dem 27. Januar 1781, im schönsten Rokokotheater der Welt – dem Münchner Residenztheater – zur Uraufführung. Der Vater und Nannerl und viele Freunde erschienen aus Salzburg. Familie Mozart wohnte in Wolfgangs Bude im Sonneneck lustig wie die Zigeuner zusammen. Sie genossen Musik, Theater und Fasching soviel sie konnten.

In Kennerkreisen erlebte ›Idomeneo‹ auch einen vollen Erfolg, aber die Oper war wohl zu reich und voll stürmender Ideen, als daß sie gleich der Allgemeinheit gefallen konnte. Eine Zeitungskritik schrieb:

»Am 29ten abgewichenen Monats ist in dem hiesigen Opernhause die Oper ›Idomeneo‹ zum 1. Mal aufgeführt worden. Verfassung, Musik und Übersetzung sind Geburten aus Salzburg. Die Verzierungen, worunter sich die Aussicht in den Seehafen und Neptuns Tempel vorzüglich ausnehmen, waren Meisterstücke unseres berühmten Theaterarchitekts, Hrn. Hofkammerraths Lorenz Quaglio.«

Der Name Mozart wurde gar nicht erwähnt.

Die Anerkennung des Hofs und der musikverständigen Welt trieb Mozarts Schaffensfreude und seinen Ehrgeiz zur äußersten Leistung. Außer der Oper schaffte er noch vieles andere Neue. Er mochte nicht daran denken, daß er die fröhliche, gastfreie Stadt wieder verlassen sollte.

Er schrieb nach Hause:

»Sie wissen, liebster Vater, daß ich nur Ihnen zuliebe in Salzburg bin. Denn, bei Gott, wenn es auf mich ankäme, so würde ich, bevor ich diesmal abreiste, an dem letzten Dekret den Hintern geputzt haben. Denn mir wird, bei meiner Ehre, nicht Salzburg, sondern der Fürst, die stolze Noblesse alle Tage unerträglicher. Ich würde also mit Vergnügen erwarten, daß er mir schreiben ließ, er brauche mich nicht mehr, würde auch bei der großen Protektion, die ich dermalen hier habe, für gegenwärtige und künftige Umstände gesichert sein. Doch – Ihnen zulieb alles in der Welt!«

Jetzt war der Erzbischof nach dem Tode Maria Theresias mit großem Gefolge nach Wien gereist!

»Wenn er mich doch vergessen tät!« hoffte Mozart.

Aber er freute sich zu früh.

Eines Tages, als er sich g'rade vor dem Spiegel damit vergnügte, sich möglichst komisch und unkenntlich zu maskieren, als er, eine leichte Tanzmelodie summend, sich lächelnd vorstellte, wie er heute nacht wieder die Leute necken, die hübschen Münchnerinnen küssen und sorglos lachen würde – da klopfte es, und ein eiliger Bote brachte den Brief mit erzbischöflichem Siegel, der ihm befahl, sich unverzüglich nach Wien zu begeben.

»Verflixt noch amal! Bin ich denn dem Bischof sein Hanswurscht? Jetzt, wo ich einmal gesehn hab, wie schön das Leben sein kann. Und hier bin ich doch so gern!«

Ein Fußtritt und die Befreiung

Die Feindseligkeit zwischen Mozart und dem Erzbischof wurde immer offener! Der Salzburger Brotherr wollte nun mit seinem Hofmusiker in Wien auftrumpfen. Musik war zur Zeit das beliebteste Unterhaltungsmittel der Gesellschaft, und Wolfgang hätte nun glänzende Gelegenheit gehabt, durch die erneute Bekanntschaft mit den vornehmsten Kreisen berühmt und geehrt zu werden und auch endlich mal aus den Geldsorgen zu kommen. Aber Bischof Hieronymus stellte sich ihm wieder in den Weg. Er gestattete trotz des ärmlichen Lohnes, den Wolfgang von ihm bezog, keine Nebenbeschäftigung – keinen Verdienst.

Der Stand eines Musikers, besonders eines Komponisten, galt im allgemeinen nicht viel. Der Adel hielt die Mitglieder seiner Hofkapelle wie andre Bediente auch und betrachtete die Kompositionen als einen Privatbesitz. Auch Joseph Haydn, der beim Grafen Esterhazy angestellt war, durfte nur für diesen arbeiten, aber die persönliche Freundschaft zwischen dem feinsinnigen Fürsten und dem großen Musiker machte das Erniedrigende dieses dienerhaften Verhältnisses wieder gut.

Der Salzburger Erzbischof aber hatte wenig Verständnis für das Genie Mozart, und der junge Musiker tat seinen Dienst mit verbissener Gereiztheit:

> »Ich scher' mich den Teufel um die erzbischöflichen Verbote, suche musikalische Verbindung und trachte nach einem baldigen Zusammentreffen mit dem Kaiser! Ich bin wie ein Gefangener mit kühnen Fluchtgedanken«

schrieb er seinen Freunden nach München.

Es war eine Zeit gekommen, da auch der Bürgerliche seine Rechte verlangen zu können glaubte, eine neue Zeit voll Freiheitssehnsucht und Kampfgeist.

Als Dichter hatte wohl Klopstock, von Kaiser Joseph II. bewundert und geehrt, die ersten freien Worte gewagt. Jetzt brach es an allen Ecken und Enden hervor!

In Schwaben hatte der junge Friedrich Schiller seine ›Räuber‹ geschrieben – offen und mutig gegen solche »Tyrannen« wie Herzog Karl Eugen.

In Weimar schafften Goethe und Herder.

Auf der Bühne zeigte Lessing mit seiner ›Emilia Galotti‹ etwas gänzlich Neues und fand mit diesem ernsten Drama lauten Beifall überall.

Wolfgangs Vater aber war noch vom alten Geist. Er nahm die Unterjochung durch seinen fürstlichen Brotherrn für selbstverständlich hin. Der Sohn war durch seine Erfolge draußen in der Welt selbstbewußter geworden. Er vertraute auf sein Können, seinen Fleiß, vertraute auf das Glück und die Musikbegeisterung seiner Wiener.

»Ich habe es satt, an der Bediententafel des Erzbischofs Gnadenbrot zu essen! Die zwei Leibkammerdiener haben die Plätze obenan, und es ist noch ein wahres Wunder, daß ich noch vor den Köchen und dem Zuckerbäcker zu sitzen komme. Die dummen Lakaienwitze stoßen mich ab, und mit den drei Dukaten, die jeder zum Nachtessen bekommt, kann keiner große Sprünge machen!« schimpfte der Gekränkte.

Dabei mußte er angestrengt arbeiten! Ungern gab der Erzbischof die Erlaubnis, daß sein Hofmusiker an einem Wohltätigkeitskonzert mitwirken durfte, aber der ganze Adel bat ihn darum, und so konnte Mozart am 3. April 1781 im Kärntnertortheater einen großen Erfolg feiern.

Er schrieb seinem Vater:

». . . was glauben Sie, wenn ich nun, da mich das Publikum einmal kennt, eine Akademie für mich gäbe, was ich da nicht machen würde? – Allein der Erzlümmel erlaubt es nicht . . .«

Schlau gab Hieronymus am selben Tage, an dem Mozart eine Einladung zur Gräfin Thun hatte, selbst eine Akademie mit drei neuen Stücken Wolfgangs. Eine Violinsonate mußte er eigens dafür noch in der Nacht vorher komponieren. So verhinderte er, daß Mozart sich wieder anderweitig hören ließ. Aber wie rauchte Wolfgangs Zorn erst, als er erfuhr, was er dadurch versäumt hatte! Er schrieb ganz verzweifelt nach Salzburg:

». . . was mich aber halb desparat macht, ist, daß ich an dem nämlichen Abend, als wir die Scheißmusik da hatten, zur Gräfin Thun eingeladen war und also nicht hinkommen konnte. Und wer war dort? Der Kaiser! Der Tenorist Adamberger und die Sängerin Weigl waren dort und haben jeder 50 Dukaten bekommen! Und welche Gelegenheit! Ich kann ja doch dem Kaiser nicht sagen lassen, wenn er mich hören will, soll er bald machen, denn in soviel Tagen reise ich ab!«

Die Salzburger Kapelle wurde nun in Wien nicht mehr benötigt. Man gab den Leuten deutlich und fast befehlend den Wink, sich baldigst nach Hause zu begeben.

Mozart hatte nicht die geringste Lust, abzureisen, wo er wieder einmal den schönsten Anfang gemacht hatte und fest daran glaubte, in Wien sein Glück zu finden. Den Vater flehte er um Verständnis an:

»Oh, ich hoffe nächsten Posttag zu lesen, ob ich noch ferneres in Salzburg meine jungen Jahre und mein Talent vergraben soll, oder ob ich mein Glück machen darf, oder warten soll, bis es zu spät ist...!«

Aber der Vater dachte anders, und der Bischof drängte auf Abreise. Eines Tages schickte er ihm kurzerhand einen Boten und ließ sagen, daß er sofort ausziehen müsse und reisen solle. Wolfgang packte wutentbrannt seine Sachen und zog einfach zu Familie Weber, die ihm sogleich ein hübsches Zimmer anbot.

»Meine Adresse ist jetzt: auf dem Peter – im Auge Gottes 2. Stock!«

schrieb er dem Vater.

Er hatte weder sein Geld für die Heimreise beisammen, noch hatte er überhaupt Neigung, sich weiter befehlen zu lassen.

Als er dem zornentbrannten Brotherrn unter die Augen kam, brüllte der auch schon auf ihn ein:

»Wann geht Er, Bursch?« und Wolfgang antwortete ruhig:

»Ich habe wollen heute nacht gehen, allein der Platz war schon verstellt.«

Dem Fürsten blieb die Luft weg:

»Er ist der liederlichste Bursch, den ich kenne! Kein Mensch bedient mich so schlecht wie Er! Ich rate Ihm, heute noch wegzugehn, sonst schreibe ich nach Hause, daß die Besoldung eingezogen wird! Fünfhundert Gulden Besoldung hat Er! Solch ein Lump – ein Fex – ein Lausbub wie Er!«

»Sind also Euer hochfürstliche Gnaden nicht zufrieden mit mir?« fragte Wolfgang beherrscht, und der selbstsichere Ton dieser Frage brachte den Bischof nun vollends zur Raserei:

»Was – will er mir drohen? O, Er Fex! Dort ist die Tür – schau Er! Ich will mit einem solch elenden Buben nichts mehr zu tun haben!«

Wie erlöst kam pfeilschnell die Antwort:
»Ich mit Ihnen auch nichts mehr!«
»Also geh Er!« schrie der Erzbischof.
Gott sei Lob und Dank! Jetzt war er frei – frei fürs Schaffen, frei fürs Leben. Jetzt schaute die ganze Welt gleich anders aus!
Wolfgangs einzige Sorge war nur der Vater, der diesen Schritt wohl nicht verstehen würde. Ein gütiger Brief des Vaters war das einzige, was ihm jetzt fehlte, um ganz glücklich sein zu können. So fragte er ihn, nachdem er alles haargenau berichtet hatte:

> »Sagen Sie mir also, bester Vater, ob ich das nicht eher zu spät, als zu früh gesagt habe?«

Daraufhin bekam Wolfgang von dem gekränkten und sorgenvollen Vater eine Antwort, die ihn sehr verbitterte und enttäuschte. Er sagte zu Webers:
»Ich kann mich wirklich von dem Erstaunen nicht erholen und werde es nie können, wenn mein Vater fortfährt, so zu denken und zu schreiben. Ich muß gestehen, daß ich aus keinem einzigen Zuge dieses Briefes meinen Vater erkenne!«
Der Erzbischof sowohl wie Leopold Mozart erwarteten allen Ernstes, daß Wolfgang sich auch noch entschuldigen solle, aber Wolfgang schrieb nach Salzburg:

> »... Soll ich mich zum Hundsfott und den Erzbischof zu einem braven Fürsten machen? – Ihnen zu Gefallen, mein bester Vater, wollte ich mein Glück, meine Gesundheit, mein Leben aufopfern. Aber meine Ehre, die ist mir und die muß Ihnen über alles sein. Liebster, bester Vater, begehren Sie von mir was Sie wollen, nur das nicht! Nur der Gedanke macht mich schon vor Wut erzittern!«

Sein Entlassungsgesuch und das rückerstattete Reisegeld wurde vom Bischof abgelehnt. Graf Arco versuchte, Wolfgang zu bekehren:
»Glauben Sie, Mozart, daß ich nicht auch oft üble Worte schlucken muß?«
Da zuckte der junge Musiker die Achseln und sagte seelenfreundlich:
»Sie werden Ihre Ursachen haben, warum Sie es leiden, und ich habe meine Ursachen, warum ich es nicht leide!«
Vor der Abreise des Fürsten versuchte Wolfgang noch einmal,

sein Entlassungsgesuch persönlich anzubringen. Graf Arco verstellte ihm den Weg und redete nun auch in dem erzbischöflichen Tone zu Mozart.

Was konnte Wolfgang dagegen tun, daß ihn der Graf am Schluß seiner Rede mit einem regelrechten Fußtritt zur Tür hinausbeförderte? Sollte er etwa auch so aus der Rolle fallen und eine Bubenrauferei im Vorzimmer des Bischofs anfangen?

Er ging halt einfach hinaus, schluckte seinen unbändigen Zorn hinunter und schwor sich, daß Salzburg ihn nie wieder sehen würde, es sei denn, daß sich Gelegenheit böte, dem Arco dann seinerseits zur Vergeltung einen ordentlichen Tritt in den Hintern zu verabreichen!

›Die Entführung‹

Ja, Wien war bestimmt der richtige Ort für Mozart als Musiker und als Mensch! Der lebensfrohe Sinn für alles Schöne, die heitere Spötterei und Liebenswürdigkeit der Sprache, das unbeschwerte Genießenkönnen des glücklichen Augenblicks ist echt wienerisch. Die Gesellschaft hielt sich nicht so streng an die »Etikette« wie anderswo, Kaiserin Maria Theresia war hier mit gutem Beispiel vorangegangen, und ihr Sohn Joseph II. hatte auch die rechte Art für sein österreichisches Volk. Er hielt den Adel zum Sparen an, und da die einfachen Leute in seinem Land gern ein bissel über ihren Geldbeutel lebten, gab es einen guten Ausgleich zwischen allen Berufsschichten. Das Volk machte bei allem mit. Theater und Musik war nicht nur für die reichen Leute da – nicht mehr Privatsache der Fürsten, sondern Allgemeingut. Überall fand Wolfgang musikfreudige, kunstverständige Gesellschaft und gute Freunde. Er atmete befreit auf!

»Mein Leben ist Arbeit. Aber nur so macht's Freud!« sagte Mozart. Jeden Morgen pünktlich um 6 Uhr stand er auf und arbeitete oft bis 1 Uhr nachts.

Dann klopfte es manchmal leise an seine Tür:

»Mozart, denken S' an Ihre G'sundheit – gehn S' schlafen!«

»No, wos denn? – Glei bin i fertig – bloß so beiläufig noch a halb's Stündl.

Wenn i nur net soviel saudumme Stunden geben müßt – die liegen mir im Magen wie Pflasterstein!«

Ach, das Unterrichten tat er so ungern, obwohl es ihm auch manchmal liebe neue Freunde und fröhliche Geselligkeit brachte!

In allen Kreisen hatte er Zutritt, überall war er beliebt und geachtet – nein, der Vater brauchte wirklich keine Sorge um sein Auskommen zu haben! Auch die Gedanken, die er sich sonst um das Leben seines Sohnes machte, wären überflüssig gewesen. Wolfgang war inzwischen ein Mann geworden. Er war fleißiger als irgendein anderer und so von seiner Musik erfüllt, daß kaum etwas anderes in seiner Seele Platz hatte. Er war weder leichtsinnig noch gottlos und bestimmt der beste Sohn der Welt. Kein Posttag verging, ohne daß er ausführlich von seiner Arbeit und seinem Alltag nach Haus berichtete.

Sein Vater aber schrieb an ihn:

»Mir will es nicht gefallen, daß Du immer noch bei diesen Webers wohnst! Hast Du noch nicht genug schlechte Erfahrungen mit ihnen gemacht? – Sicher denkt die Mutter, Du könntest jetzt eine ihrer drei anderen Töchter heiraten! Die Leute reden schon darüber! Neulich mußte ich mir sagen lassen, daß Du längst heimlich mit Konstanze Weber verheiratet seist. Ich bitte Dich, mach dem Gerede ein Ende und such Dir ein anderes Quartier!«

Für Wolfgang war es aber bei seiner angestrengten Arbeit wichtig, daß er ein bißchen bemuttert wurde und nach seiner Gewohnheit leben konnte. Er lebte wie ein Sohn in der Familie, die zwar keinen solch geordneten, liebevollen Haushalt führte, wie er ihn von seiner Mutter und Schwester her kannte, aber es tat ihm doch gut, daß ihm die Sorgen der Alltäglichkeit in Kleidung, Essen und Wohnung abgenommen waren, und nur ungern zog er dem Vater zulieb eines Tages doch aus dem »Auge Gottes« fort und teilte ihm dann mit:

».. . aber bei Gott, andern Leuten gebe ich nicht fingerlang Rechnung von meinem Tun und Lassen, und sollte es der Kaiser sein. Haben Sie immer Vertrauen auf mich, denn ich verdiene es. Ich habe Sorge und Kümmernisse genug hier für meinen Unterhalt; verdrießliche Briefe zu lesen ist dann gar keine Sache für mich! ...

Aus all Ihren Briefen sehe ich, daß Sie glauben, ich tue nichts, als mich amüsieren. Da betrügen Sie sich wohl stark, ich kann wohl sagen, daß ich gar kein Vergnügen hab' – gar keins – als das einzige, daß ich nicht in Salzburg bin.«

Er hätte bestimmt auch ohne die Bemühungen der Witwe Weber die Anmut und Lustigkeit der achtzehnjährigen Konstanze entdeckt. Die Enttäuschung mit ihrer Schwester hatte er verschmerzt. Er brachte es jetzt sogar fertig, beruflich mit Luise zu arbeiten. Ihre Stimme entzückte ihn immer wieder und regte ihn zu vielen wundervollen Kompositionen an. Die gemeinsame Arbeit am Theater brachte sie öfter zusammen, aber sein Herz gehörte jetzt ganz der kleinen zarten Konstanze. Und sie liebte ihren musizierenden Wolfgang aufrichtig, ohne verstehen zu können, welche Größe in ihm steckte. Wie ein ahnungsloses Kind stand sie seiner unvergleichlichen Kunst gegenüber.

Aber vielleicht liebte Mozart grade ihre Unbefangenheit?

»Daß du mich jetzt gern hast – Wolferl! Ich kann mich doch nicht mit der Luis' vergleichen?« fragte sie öfter.

»O doch, Konstanzerl – des kannst d' leicht, wenn deine Stimm' auch nicht so groß ist, wie die von deiner Schwester. Mir ist dein gutes Herz viel wichtiger, und so viel singen kannst du alleweil, daß wir zusammen musizieren können. Wenn nur deine Mutter an meine Ehrlichkeit glauben möchte!«

»Ja, die Mutter denkt immer, du hältst mich bloß für den Narren! Aber ich vertrau dir ja – das ist doch die Hauptsach – gell?«

»Weißt du, daß man schon deinen Vormund auf mich gehetzt hat?«

»Nein, um Himmels willen, warum denn? Mir tun doch nix Unrechtes!« rief Konstanze entsetzt, aber Wolfgang hatte es nicht tragisch genommen:

»Ja – es handelt sich ums Heiraten. Kannst dir ja von deiner Mutter den Wisch zeigen lassen, den ich unterschrieben hab'...«

»Was, unterschrieben? Etwa ein schriftliches Eheversprechen? Pfui Teufel, ist das ein Mißtrauen gegen dich!«

»Ach, laß sie nur, Stanzerl! Für uns hat das ja keine Bedeutung. Ich hab' mich halt verpflichtet, dich innerhalb drei Jahren zu heiraten, andernfalls muß ich dir alle Jahr dreihundert Gulden geben – da brauchst aber kei' Angst haben«, lachte Wolfgang übermütig, »des käm' mir ja zu teuer, eine lebenslängliche Rente, wo ich gar nix davon hätt', da nehm ich schon lieber das Kreuz auf mich, dich abscheuliches Ungeheuer zu heiraten!«

»Du bist der liebste, beste Schuft, den's gibt!« strahlte die kleine Konstanze und gab ihm einen ordentlichen Kuß.

Die schriftliche Erklärung ließ sie sich von der Mutter zeigen und zerriß sie vor den Augen des Vormundes in tausend Stücke: »Zwischen uns braucht's nix Schriftliches!« rief sie tapfer.

Wolfgang schrieb nun dem Vater ehrlich, daß er baldigst heiraten möchte:

> »... Ich, der von Jugend auf niemalen gewohnt war, auf meine Sachen, was Wäsche, Kleidung und dergleichen anbelangt acht zu haben, kann mir nichts Nötigeres denken als eine Frau. Ich bin ganz überzeugt, daß ich mit meiner Frau (mit dem nämlichen Einkommen, was ich allein habe) besser auskommen werde als so. Ein lediger Mensch lebt in meinen Augen nur halb. Ich hab' halt solche Augen, ich kann nichts dafür!
>
> Nun aber, wer ist der Gegenstand meiner Liebe? Erschrekken Sie auch da nicht – ich bitte Sie! – doch nicht die Weberische? Ja, eine Weberische! Aber nicht Josepha, nicht Sophie, sondern Konstanze, die Mittelste.
>
> Ich habe in keiner Familie ein solche Ungleichheit der Gemüter getroffen, wie in dieser. – Die Älteste ist eine faule, grobe, falsche Person, die es dick hinter den Ohren hat. Die Langin ist eine falsche, schlecht denkende Person und eine Kokette. Die Jüngste ist noch zu jung, um etwas zu sein. Die Mittelste aber, nämlich meine gute, liebe Konstanze, ist die Marterin darunter und eben deswegen vielleicht die gutherzigste, geschickteste und mit einem Worte die beste darunter. Die nimmt sich um alles im Hause an und kann doch nichts recht tun. – Sie ist nicht zum Aufwand geneigt. Das meiste, was ein Frauenzimmer braucht, kann sie sich selbst machen. Und sie frisiert sich auch alle Tage selbst, versteht die Hauswirtschaft und hat das beste Herz von der Welt.
>
> Ich liebe sie und sie liebt mich von Herzen. Sagen Sie mir, ob ich mir eine bessere Frau wünschen könnte? ...«

Der Vater aber blieb ablehnend. Wolfgang versuchte es noch einmal:

> »Ich muß Sie bitten, um alles in der Welt bitten: geben Sie mir Ihre Einwilligung, daß ich meine liebe Konstanze heiraten kann!«

Er hatte nun keine solche Sorgen mehr um das tägliche Leben, denn seine Erfolge waren offensichtlich. Er schaffte wie im Rausch. Für eine Festlichkeit im Hause des befreundeten Salzburger Bürgermeisters Haffner schrieb er die ›Haffner-Symphonie‹ in D-Dur. Andere Werke von höchster Vollkommenheit und unsterblicher Schönheit entstanden in rascher Folge. Daneben fand er immer noch Zeit, in seinem geliebten Burgtheater zu sitzen, sich jedes neue Stück und was ihm gefiel gleich zwei- bis dreimal anzuschauen.

Da war dann oft die geliebte Konstanze in der Nebenloge und sah zum Anbeißen niedlich aus in ihrem neuen Kleid mitten in all der goldenen Festlichkeit des Riesentheaters. Manchmal ging auch Wolfgang mit Mutter Weber und beiden Töchtern zusammen aus – in den Prater oder nach Grinzing zum Wein, und wenn er die Damen dann heimbrachte, und der gute, mächtige, alte Stephansdom warf einen günstigen Schatten auf die mondhelle Straße – einen braven, verständnisvollen, dunklen Schatten –, dann konnte man sich wohl schnell mal um den Hals nehmen und niemand merkte etwas von dem heißen, sehnsüchtigen Kuß, der hier geküßt wurde. Und der Stephan hat es niemals ausgeplaudert! Seit Jahrhunderten reckt der Dom seinen schlanken, spitzen Turm in den Himmel, und die funkelnden Sterne sind seine Freunde, dem Wolferl aber schien er spitzbübisch zuzulachen, denn der – so jung er auch war – der konnte ja auch in die Sterne langen mit seiner Musik. So wurden Wolfgang Mozart und der Stephel Verbündete.

Und eines Tages konnte Wolfgang seinem Konstanzerl die Nachricht bringen:

»Denk' dir, Liebes – der Großfürst von Rußland wird herkommen, und da bat mich der Stephanie, ich möchte, wenn es möglich wäre, in dieser kurzen Zeit eine Oper schreiben. Eine Oper, eine neue Oper – Stanzie!«

»Herrlich, Wolferl! Und wie heißt sie?«

»›Belmont und Konstanze‹ – richtig Konstanze – so wie du! Wenn das kein Glück bringt! Aber hernach auf der Bühne wird es ›Entführung aus dem Serail‹ heißen. Es ist türkisch, und ich werd' eine türkische Chormusik am Anfang und am Schluß machen.«

»Da wird man dich die nächste Zeit wohl selten zu seh'n kriegen?« schmollte die Kleine.

»Die nächste Zeit muß i freilich fest schaffen. Da derfst net bös sein, Mädel! Ich arbeite mit dem Stephanie zusammen – es gibt einen Haufen im Text zu ändern, bis das Stück auf die Bühne paßt.

Da sind so ewig lange Monologe drin, die keiner derschnaufen kann – das müssen gute Arien werden, und aus den faden Zwiegesprächen mach' ich schöne Duette.«

So richtig lebendig sollte das Stück werden mit Menschen von Fleisch und Blut – Menschen, die wie er selber empfinden konnten oder wie seine kleine, zarte Konstanze – Menschen, die gut oder böse waren – schön oder häßlich – dick oder dünn, feig oder tapfer, gütig oder falsch – keine Pappdeckeltheaterfiguren. Sie sollten so frisch und lebensecht singen und spielen, daß selbst die Kulissen nicht mehr künstlich wirkten. Was in Worten nicht gesagt werden konnte oder in schlechten Versen nicht so recht zu Herzen ging – das mußte die Musik allein schaffen. Schon in der Ouver-

Die Entführung aus dem Serail
Romanze

Im Moh-ren-land ge-fan-gen war ein Mädchen hübsch und fein, sah rot und weiß, war schwarz von Haar, seufzt Tag und Nacht und wein-te gar, wollt' gern er-lö-set sein, — wollt' gern erlö-set sein.

türe sieht man den Charakter des nachfolgenden Stückes. Mitten aus der farbenprächtigen Welt des Morgenlandes klingt in wehmütigem Moll das Liebeslied des Belmonte, und die Arie, die er später zu singen hat, ist ein echtes, deutsch-schwärmerisches Bekenntnis der Liebe Mozarts zu seiner Konstanze und hat keine Ähnlichkeit mehr mit dem aufgeblasenen Gesinge vergangener Opernhelden.

»Die Arie der Konstanze habe ich ein wenig der geläufigen Gurgel der Mademoiselle Cavalieri aufgeopfert«, entschuldigte Mozart einige Koloraturen der Sängerin. Der Kaiser liebte es immer noch, gute Gesangsakrobaten zu hören, die mit ihrer Stimme Kunststückerl machen konnten. Statt des Hanswurschtl, der früher in jedem Stück vorkommen mußte, gibt's in der ›Entführung‹ den dicken, alten Bösewicht Osmin, dessen Rolle als Haremswächter so komisch ist, daß es genug dabei zu lachen gibt. Die Prahlereien des scheußlichen Brummbären, die listige Bosheit und Habgier, die laute Schadenfreude hat Mozart in seiner Musik köstlich zum Ausdruck gebracht, bis zum Schluß die großen Trommeln, Becken und Triangeln den größten Wutausbruch zeigen, den dieser Osmin Zeit seines Lebens gehabt haben mag. Der Stoff ›Belmont und Konstanze‹ war ein türkisches Märchen, aber Mozart hat mit seiner Musik, mit der einfachen Natürlichkeit, die seine Menschen auf der Bühne belebt, das große deutsche Singspiel geschaffen.

Die ›Entführung aus dem Serail‹ wurde Mozarts erste Oper, die überall einmütigen Anklang fand.

»Bei einer Opera muß schlechterdings die Poesie der Musik gehorsame Tochter sein«, sagte Wolfgang, und der Hauptteil der Oper war schon komponiert, bloß von dem Stoff ausgehend, bevor der Dichter ein Wort dazu geschrieben hatte. Das unterschied Mozart von Gluck, der die Ansicht vertrat: »Musik soll sich zum Text verhalten, wie Farbe zur Zeichnung.«

Da die Arbeit so eilig war, schaffte Mozart Tag und Nacht hindurch, und am 16. Juli 1782 erlebte man im Burgtheater den brausenden Erfolg der Erstaufführung.

Es war etwas so Neues und Unerhörtes, daß der Kaiser ganz betroffen davon war. Er ließ den Komponisten in seine Loge kommen und sagte:

»Ihre Oper ist zu schön für unsre Ohren und gewaltig viel Noten – lieber Mozart!«

»Gerade so viel, Eure Majestät, als nötig sind!« antwortete der junge Meister schlagfertig und selbstbewußt.

Und der Kaiser gab ihm lächelnd die Hand:

»Das muß Er freilich selbst am besten wissen! Ich bin ja leider nur ein Sonntagsmusiker.«

Mozart hatte sich seine Wiener, er hatte sich die ganze Welt erobert mit dieser Musik, wenn auch der Gelderfolg ein dürftiger war und er weiterhin langweilige Klavierstunden geben mußte, um den Unterhalt zu verdienen.

Aber er war glücklich, glücklich wie noch nie! Mitten unter dem tosenden Beifall schlich er sich still aus dem Theater – man suchte den Meister vergebens. Da stand der Donnerblitzbub Wolfgang Amadeus inzwischen unter dem Fenster seiner Konstanze, schmiß Steinchen hinauf, und als sie endlich herunterschaute, rief er fröhlich:

»Stanzerl – die ›Entführung aus dem Serail‹ ist gut 'gangen, jetzt kommt deine Entführung aus dem ›Auge Gottes‹!«

Und am *4. August 1782* war die Hochzeit der beiden im Stephansdom zu Wien.

Wolfgang hatte sich in jeder Weise freigemacht. Er stand als Mensch und Künstler fertig da – einmaliges, großes Genie mit einem ehrlichen tapferen Herzen.

...für junge Leser

Die Höhlenkinder
von A. Th. Sonnleitner
Ein Klassiker der Jugendliteratur ist diese
Geschichte von Peter und Eva, die ganz auf sich
selbst gestellt im Gebirge zurechtkommen müssen
und so aus eigener Kraft und Vorstellung die
Geschichte der Menschheit nachvollziehen.
58. Auflage, 286 Seiten, 132 Zeichnungen.
Ab 11 Jahren.

Durch die weite Welt
Das große Jahrbuch – ganz in Farbe mit Tips und
Informationen, fesselnden Erzählungen und lebendigen
Reportagen aus den Bereichen Natur, Technik, Sport,
Reisen und Hobby.
400 Seiten, 300 farbige Abbildungen.
Ab 12 Jahren.

Die schönsten Tiergeschichten
von Ernest Thompson Seton
Diese berühmten Tiergeschichten sind mehr als
nur »Geschichten« – es sind wirkliche Tierbiographien.
7. Auflage, 235 Seiten, 200 Zeichnungen.
Ab 12 Jahren.

Indianer-Erzählungen
von Fritz Steuben
Die berühmten Erzählungen vom Leben Tecumsehs
liegen jetzt wieder komplett als siebenbändige
Neuausgabe vor. Alten Quellen nacherzählt,
entsteht ein fesselndes, wahrhaftiges Bild
der Indianer.
7 Bände, je ca. 150 Seiten.
Ab 10 Jahren.

In jeder Buchhandlung erhältlich!
Ausführlich informiert der farbige Kinder- und
Jugendbuch-Prospekt. Bitte beim Verlag anfordern!

Franckh-Verlag · Postfach 640 · 7000 Stuttgart 1

Klassische Jugendbücher bei dtv junior

Janusz Korczak:
König Hänschen I.
7128

König Hänschen auf
der einsamen Insel
7192

Lewis Carroll:
Alice im Wunderland
Farbig illustriert
von Frans Haacken
7100

Daniel Defoe:
Robinson Crusoe
Illustriert von
Gerhard Oberländer
7064

James F. Cooper:
Wildtöter
Illustriert von Klaus Ensikat
7911

Rudyard Kipling:
Das Dschungelbuch
Mit Bildern von
Reinhard Michl
7925

Hector Malot:
Heimatlos
Illustriert
7916

Mark Twain:
Prinz und Bettelknabe
Illustriert von Horst Lemke
7167

für Jungen
bei dtv junior

Maurice Druon:
Tistou mit den
grünen Daumen
Illustriert. – Ab 8 J.
7053

Robert W. Schnell:
Holger wohnt im Zoo
Illustriert. – Ab 9 J.
7369

Astrid Lindgren:
Madita
Illustriert. – Ab 8 J.
7021

Marilyn Sachs:
Das Bärenhaus und ich
Illustriert. – Ab 8 J.
7367

Marie Hamsun:
Die Langerudkinder
im Sommer/im Winter
7372 – Ab 9 J.
Ola Langerud in der Stadt/
Die Langerudkinder
wachsen heran
7395 – Ab 10 J.
Die Enkel auf Langerud
7415 – Ab 11 J.

John R. R. Tolkien:
Der kleine Hobbit
Illustriert. – Ab 9 J.
7151

Herbert Heckmann:
Der Sägmehlstreuer
Illustriert. – Ab 9 J.
7398

wie für Mädchen bei dtv junior

Juri Kowal:
Polarfuchs
Napoleon III.
Illustriert. – Ab 10 J.
7379

Joan Aiken:
Wölfe ums Schloß
Ab 11 J.
7146

Alfred Hitchcock:
Die drei ??? und die
flüsternde Mumie
Ab 10 J.
7022

Leon Garfield:
Der Geisterpakt
Illustriert. – Ab 11 J.
7364

Frances H. Burnett:
Der geheime Garten
Ab 11 J.
7317

Christine Nöstlinger:
Mr. Bats Meisterstück
Illustriert. – Ab 10 J.
7241

Astrid Lindgren:
Rasmus, Pontus und der
Schwertschlucker
Illustriert. – Ab 10 J.
7005

Henry Winterfeld:
Caius ist ein Dummkopf
Illustriert. – Ab 10 J.
7442

Erzählungen von Tieren für Leser ab 10 Jahre bei dtv junior

Natalie Carlson:
Boskos weite
Wanderung
Illustriert
7019

Willis Lindquist:
Im Land der weißen
Füchse
Illustriert
7158

Hans Werner Richter:
Kinderfarm Ponyhof
Mit Fotos
7354

Juri Kowal:
Polarfuchs
Napoleon III.
Illustriert
7379

Wäscha-kwonnesin:
Sajo und ihre Biber
Illustriert
7080

Marguerite Henry:
Burri. Die Geschichte
eines Wildesels
Illustriert
7375